반쪽을 채우는 어린이 세상 수업 ❶

국가야, 왜 얼굴이 두 개야?

김준형 글 | 박재현 그림

양철북

# 차례

1 국가야, 왜 태어났니?

세상 이야기 | 너 국가 맞니? 6
옛날 사람들은 평화로웠을까? 12
차츰 커져 가는 공동체 14
옛날 옛적에 국가를 세운 이야기 16
누가 국가의 주인일까? 18
생각 카페 | 우리를 지켜 주세요! 20

2 국가야, 왜 얼굴이 두 개야?

세상 이야기 | 괴물이 되어 버린 마을 지킴이 24
야누스의 두 얼굴 30
스탈린이 만든 강제 수용소 32
오키나와 사건 34
그래도 국가는 내 사랑? 36
생각 카페 | 파도는 국민의 마음, 권력은 배 38

3 국가야, 누가 고쳐 줬니?

세상 이야기 | 미친 운전사를 끌어 내려라! 42
국가가 계약을 깨뜨리면? 48
국민이 국가를 고칠 수 있다고? 50
재스민 혁명, 아랍의 봄 52
거리에 나선 사람들 54
생각 카페 | 배부른 개와 자유로운 늑대 56

4 국가야, 차별하지 말아 줄래?

세상 이야기 | 별 마크 없는 애들은 저리 가! 60
국가가 앞장서서 차별한다고? 66
그래도 지구는 돈다 68
대통령을 풍자해도 될까? 70
'간첩 몰이'에서 '종북 몰이'까지 72
생각 카페 | 거짓말하는 국가와 파수꾼 74

5 국가야, 약자를 부탁해!

세상 이야기 | 가위바위보 78

가난은 누구의 잘못일까요? 84
정의란 약자를 배려하는 것 86
왜 국가가 앞장서서 배려해야 하나요? 88
왜 꼭 지금 해야 하나요? 90
생각 카페 | 진짜 좋은 나라 92

6 국가야, 관심 가져 줄게!

세상 이야기 | 교황을 만난 소녀 96
미우나 고우나 정치 102
황새의 밥이 된 개구리 104
로빈의 나무 구출 작전 106
어떤 지휘자를 뽑을래? 108
생각 카페 | 국민이 존중되어야 한다! 110

1 국가야, 왜 태어났니?

사람들이 하나둘 모이기 시작했어요.
혼자서는 너무 무섭고 살아가기 힘들어 함께 모여 살았어요.
지도자를 세우고, 조직도 만들며, 역할도 나누었답니다.
이렇게 점점 커져서 국가가 되었어요.
우리가 사는 지구상에는 지금 250개가 넘는 국가가 존재합니다.

세상 이야기

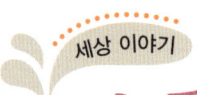

너 국가 맞니?

2014년 4월 16일, 온 국민의 가슴을 무너지게 만들었던 세월호 참사가 일어났습니다. 제주도로 수학여행을 떠났던 어린 학생들이 많이 희생되어 슬픔은 더 컸습니다.

이 참사는 '국가란 무엇인가?'라는 질문을 우리에게 던집니다. 대한민국이라는 국가는 국민의 생명과 안전을 지켜 내는 것이 가장 기본적인 의무입니다. 그런데 국가가 국민의 생명을 구해 내지 못했어요. 국가는 거기에 없었습니다.

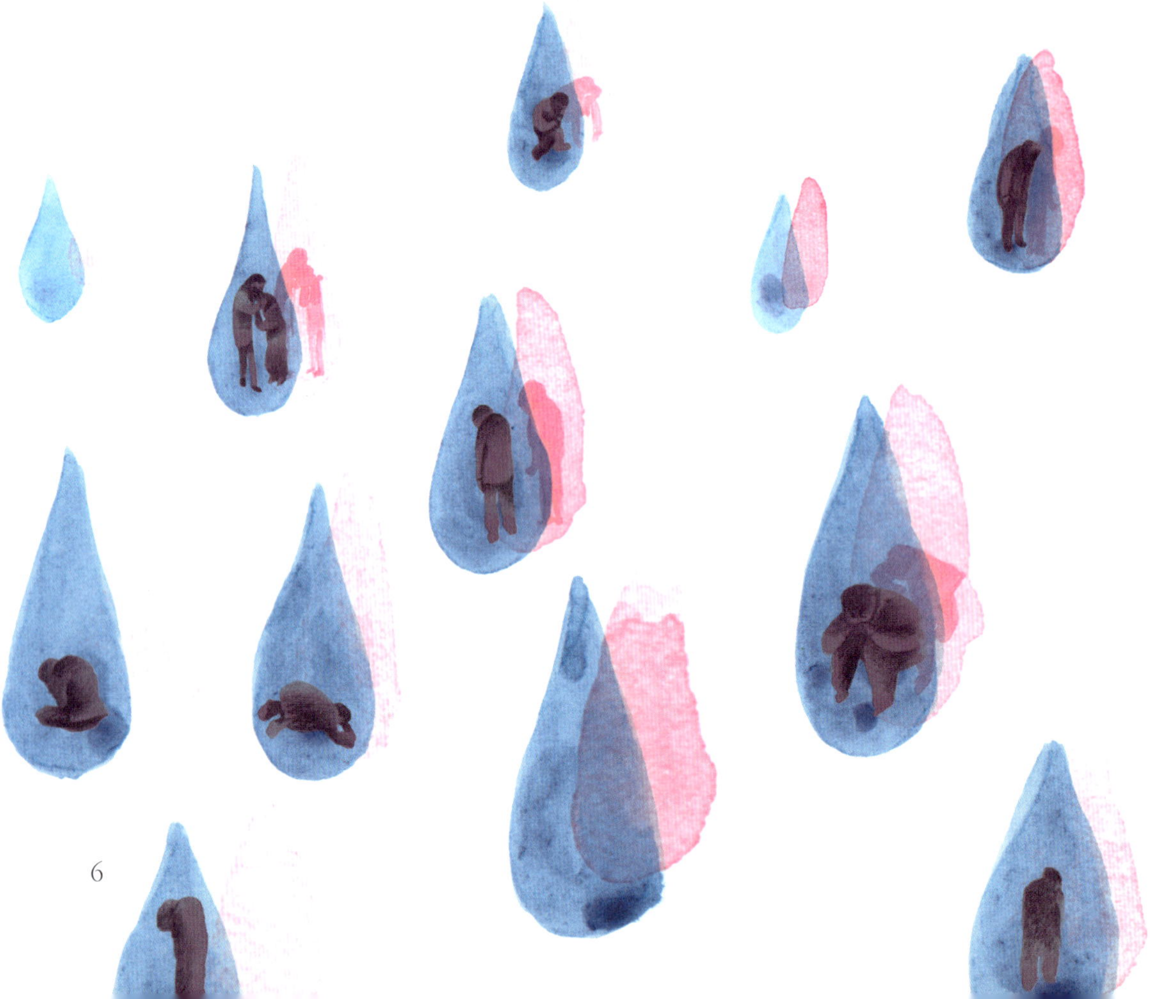

그뿐 아닙니다. 사고가 일어난 이후 변명과 거짓말이 계속 나왔습니다. 애타는 유가족들의 통곡 소리에 정부는 수천 명의 잠수부를 파견하고 수백 척의 배를 띄워 대대적인 구조 작업을 펼치고 있다고 했지만 거짓으로 들통 났습니다. 배에 갇힌 사람들을 살려 낼 수 있는 가능성이 가장 크다는 사고 후 3일 동안, 구조 작업도 제대로 이루어지지 않았어요. 결국 단 한 명도 살려 내지 못했고, 304명이 희생되었어요. 대통령과 국무총리 그리고 많은 정치인이 사고 현장을 방문했지만 도움은커녕 방해가 되었지요. 그리고 누구도 책임지지 않았어요.

세월호 참사가 일어난 지 100일째 되는 날 서울 광장에서 추모 음악회가 열렸어요. 이 행사에 참석한 가수 이승환 씨가 이렇게 말했지요.

우리는 어느 순간부터 참 불쌍한 국민이 되어 버렸습니다.
우리를 지켜 주지 못하는, 혹은 지켜 주지 않는
국가의 무능함과 무심함을 알아차려 버려서 그렇습니다.
국가가 국민의 고통과 슬픔을 함께하지 않으려는 것을
알게 되어 참으로 서글픕니다.

과연 대한민국이라는 국가의 진짜 모습은 무엇일까요? 국가가 제 역할을 못할 때 국민은 어떻게 해야 하나요?

국민을 괴롭히는 국가라면 국민이 거부하겠다는 주제를 다룬 영화가 있었어요. 몇 년 전에 개봉한 〈남쪽으로 튀어〉라는 영화랍니다. 영화 속 주인공은 국가가 국민을 지나치게 간섭하고, 부당한 의무를 요구한다고 생각합니다. 예를 들면 텔레비전을 보지 않는 사람에게도 수신료를 내라고 하고, 국민연금을 원하지 않는 사람에게도 무조건 가입하라는 것은 부당하다는 것이지요. 주인공은 우리가 당연하다고 여기는 국가의 행동에 대해서 단호히 거부합니다. 결국 대한민국 국민이기를 포기해 버리고 가족을 데리고 남쪽의 한 섬으로 갑니다. 주인공은 떠나면서 이렇게 소리칩니다.

　좀 극단적인 인물과 과장된 이야기로 만든 코미디 영화이지만 국가와 국민의 관계에 대한 중요한 메시지를 담고 있어요. 영화와는 다르게 현실에서 국민이 국가를 버리기는 어렵지요. 국가를 버리는 것이 바람직한 것도 아니고요. 무엇보다 중요한 것은 국가가 왜 생겨났는가를 생각해 보고, 잘못된 국가를 제대로 바로잡아 나가는 일입니다.

**국가가
국민을 위해 존재해야 한다는
가장 기본적인 의무를
다하지 않는다면 무슨 소용이 있겠습니까?**

옛날 사람들은 평화로웠을까?

'인간은 만물의 영장'이라는 말을 들어 본 적이 있나요? 인간은 동식물 모두를 합친 먹이 사슬의 꼭대기에 있는 지배자라는 말입니다. 그런데요, 인간은 한 사람씩 따로 떼어 놓으면 강하다고 얘기하기 어려워요. 밀림이나 깊은 산속에 홀로 남겨진다면 호랑이나 늑대 같은 맹수들에게 물려 죽을 수 있어요. 사막에서는 목이 말라 죽을 수 있고, 추위나 더위가 너무 심해도 목숨을 잃을 수 있지요. 이렇게 혼자서는 매우 약한 인간이 살아남기 위해 모여 살기 시작했습니다.

그런데 모여 산다고 해서 모든 문제가 저절로 해결되는 것은 아니었어요. 외부의 공격도 문제이지만 집단 안에서 인간들끼리 뺏고 빼앗기는 무서운 싸움이 벌어지기 때문이에요. 우리는 아주 먼 옛날 사람들은 평화롭고 한가하게 살았을 거라고 생각합니다. 맑은 공기, 깨끗한 물, 산과 들에 가득한 꽃들, 한가로이 풀을 뜯는 동물들의 풍경을 쉽게 떠올립니다. 과연 그랬을까요?

옛날 사람들은 굶주림을 면하기 위해 목숨을 걸고 짐승을 잡아야 했어요. 잡은 후에도 사냥한 것을 다른 인간들에게 빼앗기지 않기 위해 싸워야 했고요. 동물과 싸워야 하고, 다른 인간과도 싸워야 하는 불안하기 짝이 없는 세계가 그들이 살던 진짜 모습이었을 거예요.

청동기와 철기 시대는 물론이고 그 이전 석기 시대의 유물에서조차 많은 무기들이 발견됩니다. 이것은 과연 무엇을 말해 주는 걸까요? 네, 그렇습니다! 생활 자체가 살아남기 위한 전쟁이었다는 말이지요. 옛사람들은 살아남기 위해 온몸에 무기를 칭칭 감다시피 했대요. 인간이 공동체를 만든 가장 큰 이유는 죽음의 공포에서 벗어나서 안전한 삶을 살고 싶어 하는 욕구 때문이에요.

차츰 커져 가는 공동체

그렇다면 작은 공동체와 큰 공동체 중에서 어느 쪽이 더 안전한 삶을 보장할까요? 당연히 큰 공동체였겠죠. 그래서 공동체는 몸집을 키우기 시작했어요. 아주 오래된 역사를 연구하는 고대사 학자들도 이런 흐름이 있다고 가르쳐 줍니다. 공동체는 대가족에서 씨족 사회로, 그다음 부족 사회로 커졌으며 마침내 국가를 이루게 되었답니다.

　씨족 사회는 핏줄이 같은 사람들로 이루어진 공동체입니다. 같은 조상을 모시고, 같은 종교를 섬기며, 말씨나 생활 양식도 모두 같습니다. 같은 핏줄을 가진 이들의 단결력은 최고였지요. 하지만 시간이 지날수록 결정적인 약점이 있음을 깨닫게 됩니다. 씨족 사회는 더 크고 강한 공동체를 만드는 데 시간이 너무 오래 걸린다는 거예요. 자손을 낳고 키우는 방법 외에는 공동체를 키울 수가 없기 때문이지요.

　그래서 탄생한 것이 부족 사회입니다. 씨족 사회가 가진 약점을 극복하고 몸집을 더 키우기 위해 씨족끼리 합치기 시작했어요. 처음에는 각 씨족의 권리를 건드리지 않고 인정해 주는 매우 느슨한 부족 사회가 만들어졌어요. 부족의 중요한 일은 씨족 대표들이 모여서 결정했고요. 이 방법은 평화로운 시기에는 아무런 문제가 없었지만 침략을 받거나 전쟁을 벌일 때는 불편했어요. 결국 느슨한 부족 공동체는 강한 부족을 만들기 위해 강력한 지도자를 세우기 시작했지요.

곧 부족도 안심할 수 없게 되었어요. 부족 간의 전쟁이 늘 벌어지는 상황에서 더 크고 강한 공동체를 만들어야 살아남을 수 있게 되었지요. 그래서 부족끼리 합치거나, 무력을 통한 정복으로 국가를 세우고자 했어요. 이즈음 철기 문화가 등장하면서 더욱 강력한 무기가 생산되기 시작한 것도 국가의 탄생에 큰 역할을 했어요. 전쟁은 강력한 국왕과 거대한 국가를 탄생시켰답니다.

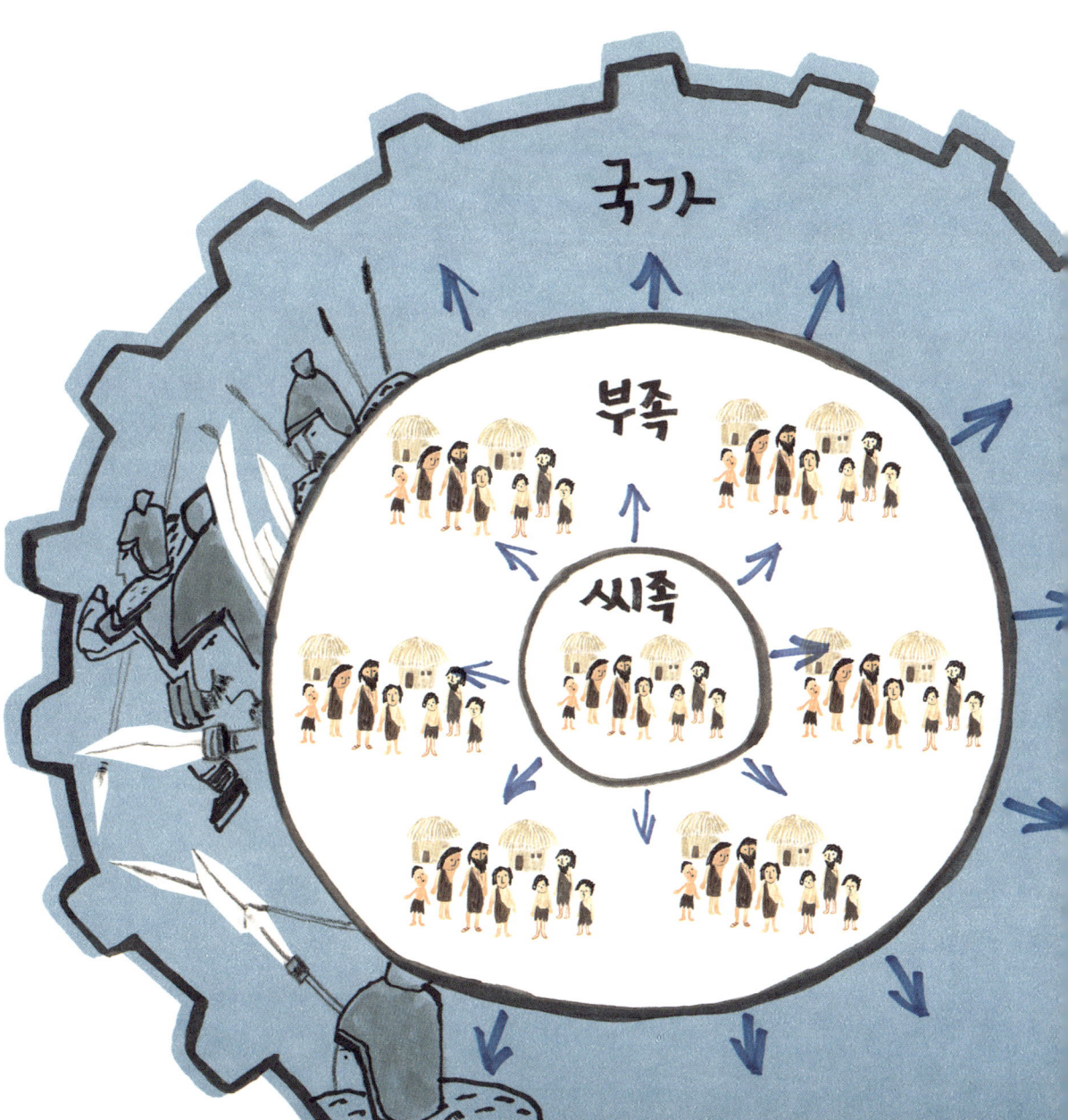

옛날 옛적에 국가를 세운 이야기

어느 날 하늘 나라의 임금 환인이 여러 아들을 불러 모았어요.

"너희 중에 누가 인간 세상에 내려가서 나라를 세워 다스려 보겠느냐?"

그러자 환웅이 선뜻 하겠다고 나섰어요. 환인은 기뻐하며 바람과 비와 구름을 다스리는 신을 불러 함께 가도록 했어요. 환웅은 3명의 신과 3천 명의 무리를 이끌고 인간 세상으로 내려왔습니다.

"내가 하느님의 명에 따라 그대들을 다스리려고 하늘에서 내려왔다."

환웅이 말하자 모든 사람들이 무릎을 꿇고 절하였어요.

"보잘것없는 저희를 잘 보살펴 주시옵소서."

환웅은 웅녀와 결혼해 남자아이를 낳았는데, 그가 바로 우리 민족의 시조인 단군입니다. 단군은 기원전 2333년에 아사달에 도읍을 정하고 나라 이름을 '조선'이라고 정했어요. 건국 이념으로 널리 인간을 이롭게 한다는 뜻의 '홍익인간'을 선포했지요. 이 이야기는 우리나라의 건국 신화입니다. 이 건국을 기념하기 위해서 10월 3일 개천절을 국경일로 정했지요.

건국 신화를 보면 조상들이 어떤 모습의 국가를 생각했는지 짐작할 수 있습니다. 우리의 건국 신화에는 자랑할 만한 정신이 담겨 있어요. 특히 홍익인간 정신은 백성을 이롭게 하려는 훌륭한 국가 목표이지요.

게다가 '8조법'이라고 불리는 법을 만들어 법에 의한 통치를 했어요. 지금은 "사람을 죽인 자는 사형에 처한다.", "남에게 상처를 입힌 사람은 곡물로 갚는다.", "남의 물건을 훔친 사람은 노비로 삼는다. 다만 도둑질한 사람이 죄를 벗으려면 오십만 전을 내야 한다."의 세 가지 조항만 전해 내려옵니다. 사회의 안전과 질서를 중요시했던 정신을 엿볼 수 있고, 제아무리 왕이라고 해도 마음대로 권력을 휘두르지 못했다는 것을 말해 줍니다.

누가 국가의 주인일까?

국가의 주인은 누구일까요? 쉬운 질문처럼 보이지만 꼭 그렇지는 않답니다. 때로는 왕이나 대통령일 것 같고, 때로는 정부 기관 전체가 주인처럼 보일 때도 있습니다. 아니면 국민 모두가 주인일 수도 있고요.

우리는 어떤 국가에서 어떻게 살아왔을까요? 지금은 국민이 주인이라는 원칙을 지키는 민주 국가에서 살고 있지만 이 제도는 그리 오래되지 않았어요. 근대 민주주의 이전에는 동양이나 서양 할 것 없이 왕이 절대적인 권력을 휘두른 국가가 대부분이었답니다. 특히 왕의 권력은 신이 내린 것이기에 아무도 건드리지 못한다는 생각이 지배했어요.

루이 14세는 겨우 다섯 살 때 왕이 되어 72년의 긴 시간 동안 프랑스를 통치했어요. 그는 그리스 신화에 나오는 신들의 우두머리인 제우스의 아들이자 태양

신인 아폴론에 비유해서 '태양왕'이라는 별명을 얻을 만큼 엄청난 권력을 누렸지요. 프랑스를 유럽의 초강대국으로 만들었지만, 국민은 뒷전이었고 모든 통치는 자신을 위한 것이었어요. 폭정이 심해지자 충신들이 나서서 국가를 위해서 그러지 말라고 간청했어요. 그때 루이 14세는 이렇게 말합니다. "국가라고? 그것은 곧 나를 두고 하는 말이다." 백성은 안중에도 없었던 거지요. 그는 틈만 나면 전쟁을 벌이고 국민들에게 엄청난 세금을 거둬들였어요.

하지만 시간이 지날수록 국민의 수준이 높아지면서 점점 왕이 절대 권력을 가져서는 안 된다는 의견이 늘어났습니다. 국민들은 국가의 주인에 대해 새로운 생각을 품기 시작했어요. 국가의 주인은 국민이며, 왕을 비롯한 통치자에게 국민이 권력을 주었다는 생각이 널리 퍼졌어요. 이를 '사회 계약론'이라고 부릅니다. 통치자의 권력은 국민과의 계약으로 이루어진 것이므로 국민이 통치자보다 중요하고, 국가의 주인입니다. 통치자는 계약에 의해 대표로 뽑힌 것일 뿐입니다.

우리를 지켜 주세요!

외로움과 불안을 벗어나기 위해 지도자를 세우고 국가를 만들었어요.
외부로부터의 침략을 막기 위해 국민은 애쓰고 힘을 키웠어요.
사실 국민이 국가에 바라는 것은 그리 많지 않아요.
안전하게 보호받고 정당하게 대우받는 것 정도입니다.
그런데 국가가 아무런 역할도 하지 못할 때,
도리어 국민을 위협할 때, 국민은 어쩌면 좋나요?
훌륭한 국가 없이는 행복한 삶도 없습니다.

생각카페

세월호 참사에서 살아남은 여학생이
우리나라를 방문한 교황에게 편지를 썼습니다.
어떤 내용인지 일부분만 읽어 볼까요?

> 만약 조용히 이 사건이 끝난다면
> 우리나라는 또 반복된 실수를 할 것이 분명하고
> 또다시 우리나라는 망가져 갈 것입니다.
>
> 저희는 이제 어른들에게 신뢰를 잃었고
> 이 세상에 대해 신뢰를 잃었습니다.
> 우리가 어른이 되었을 때 우리와 같은 학생들에게
> 이 나쁜 세상을 물려주어 죄를 짓지 않게 도와주세요.

2 국가야, 왜 얼굴이 두 개야?

국가는 두 개의 서로 다른 얼굴을 가지고 있습니다.

천사의 얼굴 그리고 악마의 얼굴!

국가는 국민을 지키는 천사이기도 하지만

국민을 괴롭히고 죽이는 악마가 되기도 합니다.

> 세상 이야기

괴물이 되어 버린 마을 지킴이

옛날 옛적에 작은 마을이 하나 있었어요. 마을 사람들은 유난히 몸집이 작고 힘도 약했어요. 하지만 모두가 부지런히 일하면서 행복하게 살았답니다. 창고마다 먹을 것이 넘쳐 나고, 서로 사이좋게 지냈기에 늘 웃음꽃이 피어났지요. 그런데 이 마을의 번영을 시기한 다른 마을에서 쳐들어와 먹을 것을 빼앗고 사람들을 괴롭히기 시작했어요.

마을 사람들은 매일 모여 대책을 논의해 봤지만 힘이 약한 그들이 할 수 있는 일이란 별로 없었답니다. 사람들은 답답한 마음에 사당으로 가서 신에게 제발 살려 달라고 빌었어요. 정성 어린 기도가 통했는지 신이 응답했지요.

> 마을 뒷산에 가면 동굴이 하나 있는데, 거기에 너희를 지켜 줄 동물이 있을 것이다. 찾아가 보도록 해라.

사람들은 이제야 살길이 생겼다고 환호했어요.
신이 말을 이어 갔습니다.

> 문제는 그 동물이 아직 마을을 지킬 수
> 있을 만큼 자라지 않았다. 그렇지만 잘 먹이고 보살펴 주면
> 금방 자라서 너희를 지켜 줄 것이다.

마을 사람들은 동굴로 냅다 달려갔습니다.

> 단, 그 동물에게 음식을 너무 많이 먹이면
> 성격이 난폭해질 수 있으니 시간이 걸리더라도 천천히 키워야
> 할 것이다. 내 경고를 잊으면 불행이 닥칠 것이니 주의해라.

신의 마지막 당부가 이어졌지만 한시가 급한 마을 사람들의 귀에는 더 이상 신의 목소리가 들리지 않았답니다.

　동굴에는 정말로 작고 볼품없는 동물 한 마리가 꾸벅꾸벅 졸고 있었어요.
사람들은 그 모습에 실망했지만 별다른 방법이 없었어요. 동물을 살기 위한
마지막 희망으로 삼고 열심히 키웠습니다. 신기하게도 동물의 성장 속도는
엄청나게 빨랐어요. 사람들은 신의 경고는 생각도 하지 않고 마구 먹이를
주었어요. 엄청난 속도로 자라기 시작한 동물은 순식간에 마을 뒷동산만큼이나
커졌지요. 그런데 몸집이 너무 커진 탓에 자신의 몸을 가누지 못해서 자주
사람들을 밟거나 집을 망가뜨리기도 했답니다.

사람들은 다른 마을의 침략만 막을 수 있다면 이 정도는 참아 낼 수 있다고 생각했어요. 몸이 거대하게 커진 동물은 신의 약속대로 침략을 거뜬히 막아 냈습니다. 이제 그토록 바라던 침략의 공포로부터 벗어났지만 마을 사람들은 만족하지 않았어요. 더 커지면 더 확실하게 마을을 잘 지킬 수 있을 것이라고 믿고 닥치는 대로 많이 먹였답니다.

모두 내게 복종해라!
크르릉~

　마침내 문제가 터졌습니다. 동물의 몸집은 마을보다 더 커졌고 성격도 나날이 포악해져 갔어요. 이제는 실수가 아니라 일부러 사람들을 밟고 집을 부쉈습니다. 마을 사람들이 불만을 털어놓자 협박까지 했습니다. 자기 덕분에 마을이 살아났으니 모두 자기에게 복종해야 한다고 거만한 태도로 말했어요. 음식을 덜 주려고 노력해 봤지만 아무 소용이 없었어요. 곳간의 양식도 모두 없어졌고요. 그제야 사람들은 신의 경고를 떠올렸지만 이미 너무 늦어 버렸어요. 마을 사람들은 더 이상 동물을 마을 지킴이라 부르지 않았고 괴물이라고 불렀습니다.

　눈치챘나요? 그래요, 이 마을 지킴이는 국가를 상징합니다. 사람들은 마을을 지키기 위해 모든 힘을 모아 음식을 주었지만 동물은 끝내 괴물이 되어 버렸어요. 국가는 국민의 안전과 생명을 지켜 주지만 국민의 통제를 벗어나면 가장 무서운 위협으로 돌변할 수 있다는 교훈을 배울 수 있지요?

야누스의 두 얼굴

로마 신화에 야누스라는 신이 있습니다. 로마 최고신의 하나로 꼽히는 야누스는 두 개의 얼굴을 가진 신입니다. 야누스 신은 사람들의 위선적인 모습을 가리킬 때 자주 등장합니다. 즉 겉으로는 착한 척하면서 속으로는 나쁜 생각을 가진 사람들을 야누스 같다고 하지요.

정작 야누스 신이 이런 비난을 들으면 좀 억울할 것 같아요. 왜냐하면 얼굴이 두 개인 데는 분명한 이유가 있기 때문입니다. 야누스는 원래 문을 지키는 수호신인데, 문에는 들어오는 사람과 나가는 사람이 있지요. 그래서 한 얼굴은 들어오는 사람을 맞이하고, 다른 얼굴은 나가는 사람을 배웅하는 거랍니다.

야누스의 두 얼굴이 가진 진짜 뜻과는 상관없이 국가와 관련해 매우 중요한 지혜를 배울 수 있어요. 국가는 두 얼굴을 가지고 있다는 것이지요. 하나는 처음에 만들어진 이유처럼 국민을 보호하고, 봉사하는 평화의 얼굴입니다. 다른 하나는 국민을 보호하지 않고 도리어 앞장서서 괴롭히는 전쟁의 얼굴입니다. 사람들은 안전하고 행복하게 살고 싶어 국가를 만들었어요. 하지만 이 국가가 악한 마음을 가진 소수의 사람이나 집단에 의해 지배될 경우 국민을 괴롭히고 심지어

죽일 수도 있는 존재로 변합니다.

　야누스의 얼굴이 우리에게 주는 교훈은 한 가지가 더 있습니다. 두 얼굴이 너무나 가깝게 붙어 있다는 것이에요. 즉 선한 얼굴과 악한 얼굴, 천사와 악마, 전쟁과 평화 같은 서로 다른 두 얼굴이 한 몸처럼 붙어 있어요. 조금만 관심을 기울이지 않으면 국가는 언제든지 쉽게 변해 버리는 위험스러운 존재라는 것을 말해 줍니다.

　역사 속에는 끔찍한 괴물로 변해 국민을 탄압한 수많은 괴물 국가가 있었어요. 심지어 오늘날처럼 국민이 존중되는 민주 국가에서도 국민이 감시를 소홀히 하면 국가는 곧바로 괴물이 되어 버립니다.

스탈린이 만든 강제 수용소

노벨 문학상을 수상한 러시아 소설가 솔제니친의 작품 가운데 『이반 데니소비치, 수용소의 하루』라는 유명한 소설이 있습니다. 이 소설은 구소련의 악랄한 독재자 스탈린이 만든 강제 수용소 이야기를 다루고 있습니다. 주인공이 수용소에 갇힌 지 8년째 되는 어느 하루의 일상을 섬세하게 담아냈지요. 사실 이 책은 솔제니친 자신이 직접 겪은 경험을 바탕으로 쓴 것입니다. 그는 괴물이 된 국가에 의해 8년간이나 힘든 강제 수용소 생활을 해야 했습니다. 소설의 주인공은 작가의 분신이었던 거예요.

   주인공 이반은 10년 형을 선고받고 수용소에 감금됩니다. 이반은 아무런 범죄도 저지르지 않았고, 수용소에 갇힌 주위 사람들도 범죄나 정치적인 저항과는 관련이 없는 아주 평범한 국민이었어요. 하지만 괴물로 변한 국가는 이런 평범한 국민의 생명과 재산을 마구 빼앗고, 국민의 삶을 비참하게 만들었답니다.

   스탈린의 국가는 괴물 그 자체였습니다. 농민들이 개인적으로 갖고 있던 농장을 강제로 빼앗아 국가가 관리하는 집단 농장으로 만들었어요. 이를 위해 온갖 수단을 동원했는데, 반대하는 사람들을 잡아다가 고문하고 죽이는 일까지도 서

습지 않았지요. 때로는 농민들을 집단 농장에 끌어들이기 위해 기름진 곡창 지대를 불태워 일부러 굶주리게 만들었어요. 그 과정에서 1,200~3,000만 명이 국가에 의해 살해당했습니다. 정말 끔찍하지요?

스탈린은 자신의 권력을 지키기 위해 자기 나라의 국민을 이토록 많이 죽였습니다. 2차 세계 대전 당시 연합국 진영에 속해서 전쟁을 승리로 이끈 덕분에 그의 엄청난 죄가 많이 가려졌지만, 스탈린이 만든 국가는 분명 괴물이었습니다.

오키나와 사건

우리나라를 35년간 지배했던 일본 제국주의도 괴물 국가의 대표적인 예입니다. 일본 제국주의는 남의 땅을 짓밟는 것도 모자라 우리 국민을 마구 탄압하고 또 무참히 죽였어요. 어린 학생들을 전쟁에 강제로 동원했으며, 조선의 꽃다운 처녀들을 일본 군인의 성적 노리개로 삼기 위해 끌고 갔습니다.

　괴물 국가 일본 제국주의는 사실 일본인들에게도 불행이었어요. 일본 왕을 위해 국민을 죽음의 전쟁터로 몰아갔기 때문이지요. 일본 제국주의 국가가 얼마나 끔찍한 괴물이었는지 잘 말해 주는 사건이 있어요. 2차 세계 대전이 마지막을 향해 가던 시점에서 일어난 일입니다. 오키나와 섬에서 미군과 일본군이 막바지 대

전투를 벌이고 있었어요. 그런데 일본군이 불리해지자 군인들은 오키나와 주민들에게 수류탄까지 쥐어 주며 집단 자살할 것을 강요했고, 거부하는 사람들은 마구 죽였어요. 이 당시 10만 명이 넘는 사람들이 숨졌다고 합니다.

　일본의 사상가이자 사회 운동가인 고토쿠 슈스이라는 사람이 있습니다. 그는 일본 제국주의를 비판하고 조선의 해방을 목소리 높여 외친 몇 안 되는 양심적인 일본인 가운데 한 사람이었어요. 그는 장 자크 루소의 사회 계약론에 깊은 관심을 두었고, 국민 주권의 중요성을 알리고자 노력했기에 '동양의 루소'로 알려졌어요.

　그가 1901년에 쓴 책의 제목이 바로 『20세기의 괴물 제국주의』인데, 이 책에서 그는 제국주의는 국민이 아니라 소수의 지배자를 위한 것이므로 단호히 반대했어요. 고토쿠 슈스이는 일왕 암살 사건의 대역죄로 몰려 1911년에 처형됐습니다. 그가 체포되었을 때 안중근을 기리는 그림엽서를 품속에 간직하고 있었다고 전해집니다.

그래도 국가는 내 사랑?

우리의 국가도 괴물로 변한 적이 여러 번 있었습니다. 우리나라는 일본 제국주의라는 괴물 때문에 숱한 고생을 하다가 해방되었지만 기쁨도 잠시뿐이었어요. 여러 독재자들이 차례차례 등장해서 수십 년간 국민을 괴롭혔지요. 남한도 북한도 모두 괴물이 되어 갔습니다. 국민을 향해 총부리를 겨누고 자신들의 권력을 유지하기 위해 국민을 탄압했어요. 국가에 반대한다고 제주도 주민을 무참히 학살한 사건(제주 4·3 사건)이나, 권력을 잡기 위해 광주 사람들을 폭도나 공산주의자로 누명 씌워 죽인 사건(광주 5·18 민주화 운동)을 보면 우리나라도 분명 괴물 국가였습니다.

그런데 괴물이 된 국가에 살 바에야 국가 없이 사는 것이 오히려 낫겠다는 생

각이 들 수도 있습니다. 사실 괴물이 된 국가에 사는 것도 불행이지만 국가 잃은 국민으로 사는 것도 불행하기는 마찬가지입니다. 우리 민족도 35년이나 국가 없는 국민의 괴로움을 겪어 본 적이 있으니까요.

1948년 유대 인들이 팔레스타인 지역에 '이스라엘'이라는 국가를 세우면서 이 지역에 거주하던 아랍 인들은 쫓겨났습니다. 그들은 하루아침에 살 곳을 잃고 피난민으로 떠돌아다니게 되었으며, 동시에 이스라엘과 끝없는 분쟁을 겪게 되었어요. 강한 국가 이스라엘과의 반복되는 충돌로 인해 팔레스타인 난민들의 안전과 복지는 늘 위협받습니다. 그들의 소망은 자신들을 보호하고, 살 수 있는 땅이 있는 국가를 가지는 거예요.

현재 세계에는 약 250개의 국가가 있습니다. 그런데 지금도 나라 없이 살면서 독립 국가를 건설하고 싶어 하는 민족들이 많이 있습니다. 이러한 민족들이 모두 독립 국가를 만들게 된다면 국가의 숫자가 500개가 넘는다고 합니다.

파도는 국민의 마음, 권력은 배

대한민국 헌법 제1장 제1조
① 대한민국은 민주 공화국이다.
② 대한민국의 주권은 국민에게 있고,
모든 권력은 국민으로부터 나온다.

이렇게 헌법은 국가가 무엇인지 정확하게 말해 줍니다.
국민이 빠진 국가는 군림하는 지배자일 뿐입니다.
국가는 국가이기 때문에 소중한 것이 아니라
국민을 위할 때 비로소 소중해지는 것입니다.

생각카페

파도는 국민의 마음이며,
권력은 배와 같다고 말합니다.
파도는 배가 순조롭게 나아갈 수 있게 도와주지만
성난 파도는 배를 집어삼킬 수도 있지요.
국가 권력은 바로 국민으로부터 나오는 것이기에
아무리 권력이 강해도 국민의 마음을 얻지 못한다면
무너질 수밖에 없습니다.
국가가 국민을 위해 존재하지 않는다면
그것은 이미 무너진 것인지도 모릅니다.
그래서 국가를 무조건 사랑하는 것보다는
국가가 괴물이 되지 않도록 국민이 잘 감시할 때
훨씬 더 좋은 국가가 될 수 있습니다.

3 국가야, 누가 고쳐 줬니?

국가가 괴물이 되어 국민을 괴롭히면 어떡할까요?
부패한 독재 정권이 국민을 못살게 하면 어떡할까요?
그냥 꾹 참고 또 참을까요?
보고도 못 본 척할까요?
아니에요. 국가가 잘못되면 온 국민이 나서서 고쳐야 해요.

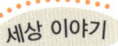 세상 이야기

미친 운전사를 끌어 내려라!

디트리히 본회퍼는 히틀러의 나치 독일에 목숨 바쳐 저항한 목사이자 신학자입니다. 히틀러는 1933년에 권력을 잡고, 미친 듯이 국민을 선동하여 독일을 괴물로 만들어 갔어요. 히틀러가 총통으로 취임하자, 본회퍼는 이틀 후에 한 라디오 프로그램에 출연해서 이렇게 말했답니다.

> 지도자가 자신을 우상으로 만들기 위해 국민을 속이고, 국민이 그에게서 우상을 기대한다면 그 지도자는 조만간 악마로 변하고 말 것입니다.

이 일이 있은 이후 본회퍼는 나치의 집중적인 감시를 받게 됩니다. 그를 걱정한 미국의 친구들이 급하게 불러 몸을 피하게 했어요. 본회퍼는 친구들의 성화에 마지못해 미국으로 건너갔지만 오래 머물지는 못합니다. 히틀러가 전쟁을 일으키고 유대 인들을 핍박하자 더 이상 참을 수가 없었기 때문이에요. 친구들이 강력하게 반대했지만 본회퍼는 결국 죽음의 땅으로 스스로 걸어 들어갔어요. 독일로 돌아가면서 친구들에게 남긴 편지에는 이렇게 쓰여 있었지요.

저는 독일에서 살고 있는 사람들과 함께 이 시대의 시련을 나누지 않는다면 전쟁이 끝난 후에 새로운 삶을 만드는 데 참가할 자격이 없어진다고 판단했습니다.

독일에 도착한 본회퍼는 저항군에 들어갔어요. 히틀러 정권을 무너뜨리기 위해서, 박해와 살해 위협 속에 살아가던 유대 인들을 돕기 위해서 목숨 걸고 싸웠습니다. 그런데 당시의 독일 기독교계는 히틀러에 반대는커녕 오히려 지지하고 찬양했어요. 그런 그들에게 던진 본회퍼의 '미친 운전사의 비유'는 큰 감동을 줍니다.

> 어느 미친 운전사가 차를 몰고 있습니다. 그는 많은 교통사고를 일으키며 달리고 있습니다. 만일 당신이 그 자리에 있었다면 계속 따라가며 다친 사람들을 치료하고 기도만 해 주겠습니까? 아니면 미친 운전사를 끌어 내리겠습니까?

바퀴에 깔린 희생자들에게
반창고나 붙이는 일에 만족하지 말고,
바퀴살을 틀어막아야 합니다.

본회퍼는 1943년 4월 5일 독일의 비밀경찰 게슈타포에 체포됐고, 2년간 수용소에 갇혀 있었어요. 이후 본회퍼가 히틀러를 암살하려고 했다는 증거가 나오면서 1945년 4월 9일 처형당했지요. 그는 39세의 젊은 나이로 죽음을 맞이하기 전 감방에서 이렇게 고백했습니다.

내가 고통을 당하는 것이나 내가 매를 맞는 것, 그리고 또 내가 죽는 것까지도 나에게는 그렇게 심한 고통이 아닙니다. 나를 참으로 고통스럽게 하는 것은 내가 감방에서 고난을 겪는 동안 감방 밖의 세상이 너무 조용하다는 것입니다.

독일의 법정은 그가 죽은 지 50년 만에 비로소 다음과 같이 판결했습니다.

본회퍼는 결코 국가를 위태롭게 한 적이 없고 오히려 나치의 악행으로부터 국가와 국민을 구출한 독일의 진정한 양심이기에 나치 법정이 선고한 사형 판결을 무효로 선언한다.

국가가 계약을 깨뜨리면?

사람들은 계약을 하면서 계약서를 씁니다. 집을 살 때나 빌릴 때 계약서를 쓰고, 사업을 할 때도 계약서를 쓰지요. 왜 계약서를 써야 할까요? 그것은 약속이 반드시 지켜져야 한다는 공적인 맹세 같은 역할을 하기 때문이지요. 또 나중에 약속을 어길 때 증거로 삼아 책임을 물을 수 있도록 하기 위해서예요. 계약서를 쓰지 않는 약속도 중요하겠지만 계약서를 썼을 때는 더 확실하게 지켜야 합니다.

헌법은 국민과 국가 사이에 맺은 계약서라고 할 수 있어요. 국민과 국가 사이의 약속은 두말할 필요 없이 매우 중요합니다. 국가는 언제든지 괴물로 변할 수 있는 존재라는 것은 앞에서 이야기했지요? 헌법은 국가의 이런 위험을 미리 알고, 국가가 괴물로 변하지 않도록 분명하게 약속을 해 둔 거예요. 그러니까 헌법은 국가가 '괴물로 변하지 않겠다는 계약서'입니다. 물론 헌법이라는 계약서만 만들어 놓았다고 저절로 해결되는 것은 아니에요. 히틀러나 스탈린 등 많은 독재자가 헌법을 무시하고 자기 마음대로 법 위에 군림했습니다.

국민에게 약속을 지키겠다고 맹세하고 뽑힌 정치가는 당연히 법을 존중하고 지켜야 합니다. 그런데도 지키지 않을 때는 계약 위반을 한 것이니 계약을 깨뜨린 사람에게 책임을 물어야 합니다. 괴물 국가는 국민의 권리와 이익보다 자기 집단의 이익을 위해 일하는 국가입니다. 이런 행위는 계약서를 휴지 조각처럼 취급하는 것이지요.

대통령, 국회, 법원 모두 국민이 권력을 주었어요. 이 권력은 자신들을 위해 사용해서는 안 되고 국민을 위해 사용해야 합니다. 국민이 최고의 존엄이지요. 그런데 북한에서는 김정은을 최고 존엄이라고 하고, 남한 정부가 비판하면 최고 존엄에 대한 모독이라고 길길이 날뜁니다. 국가 기관을 앞세워 국민을 괴롭히는 지도자는 깡패나 다름없어요. 이미 계약 위반을 했기 때문에 복종할 의무도 없어져요. 그러니까 국가가 잘못되면 국민이 나서서 고쳐야 합니다.

국민이 국가를 고칠 수 있다고?

고대 그리스 철학자인 아리스토텔레스나 플라톤은 물론이고 근대의 많은 훌륭한 사상가들조차 민주주의가 최고의 제도가 아니라고 주장했어요. 고개가 갸우뚱해지지만 그렇게 생각한 데는 나름의 이유가 있답니다.

가장 큰 이유는 국가의 중요한 선택을 변덕이 심한 국민 여론에 따라야 한다는 것을 걱정했기 때문입니다. 전문적인 훈련이나 교육을 받지 않은 일반 사람들은 순간적인 감정으로 움직이기 쉬운 것도 사실이에요. 그래서 지혜로운 철학자에게 정치를 맡기는 것이 좋다는 주장이 있었고, 아니면 솔로몬이나 세종 대왕같이 백성을 사랑하는 왕이 다스리는 것이 좋다는 주장도 있었지요.

그런데 왜 현대 사회에서는 민주주의가 최고의 제도이고 우리나라도 민주주의 국가를 지향하는 것일까요? 우선 민주주의는 국가의 주인이 국민이라고 믿는 데서 출발하기 때문입니다. 모든 인간은 존귀한 존재이므로 자유롭고 평등해야 한다는 믿음에 바탕을 두고 있기 때문이지요. 멋지지 않은가요?

민주주의가 좋은 또 하나의 이유가 있습니다. 그것은 국가가 계약을 어길 때 고칠 수 있는 권리를 국민에게 주었다는 점입니다. 왕이 다스리는 시대를 생각해 볼까요? 선하고 지혜로운 왕이 다스릴 때는 백성들이 행복하지만, 나쁜 왕이 통치할 때는 불행하고 비참해집니다. 늘 좋은 왕만 다스리면 좋겠지만 문제는 백성들이 왕을 선택하거나 바꿀 수가 없는 것이 약점이에요. 아버지가 왕이라는 이유만으로 왕이 되기 때문에 나쁜 왕이 등장하는 것을 막을 방법이 없어요. 왕을 반대하면 대역죄로 몰려 죽임을 당합니다. 더욱이 역사를 보면 국민을 괴롭히는 왕이 좋은 왕보다 훨씬 더 많았답니다.

그런데 민주 국가는 다릅니다. 악한 통치자를 뽑지 않을 권리와 함께 통치자가 잘못하면 바로 버릴 권리도 있습니다. 악한 정치가가 권력을 잡고 나쁜 정치를 하면 그가 누구든지 바꿀 수 있는 힘을 국민에게 준 거예요. 이런 힘을 국민이 가지고 있기 때문에 권력자가 국민을 두려워하고 국민의 마음에 들기 위해 노력하게 됩니다.

재스민 혁명, 아랍의 봄

아프리카 북부의 튀니지라는 나라에 모하메드 부아지지라는 청년이 있었어요. 그는 대학을 졸업했지만, 취직이 어려워 거리에서 과일 장사를 했지요. 8명이나 되는 대가족이 부아지지만을 의지했기 때문에 매일 열심히 일해야 했어요.

그런데 2010년 12월 17일, 경찰의 단속에 걸려 바나나 7킬로그램과 사과와 배 다섯 상자를 모두 빼앗겨 버렸어요. 정당한 법의 집행이라기보다 너무 가난한 그가 부패한 경찰들에게 뇌물을 줄 수 없었기 때문에 벌어진 일이었지요. 살아갈 길이 막막해진 부아지지는 시청에 찾아가서 도와줄 것을 애원했지만 부패한 시청 직원들 역시 그를 무시했어요. 그러자 부아지지는 "내가 보이지 않는다면 보이게 해 주겠다."라며 시청 앞에서 몸에 기름을 붓고 불을 질러 자살을 시도했어요. 병원에 입원해 있던 부아지지는 이듬해 1월 4일, 끝내 사망하고 말았답니다.

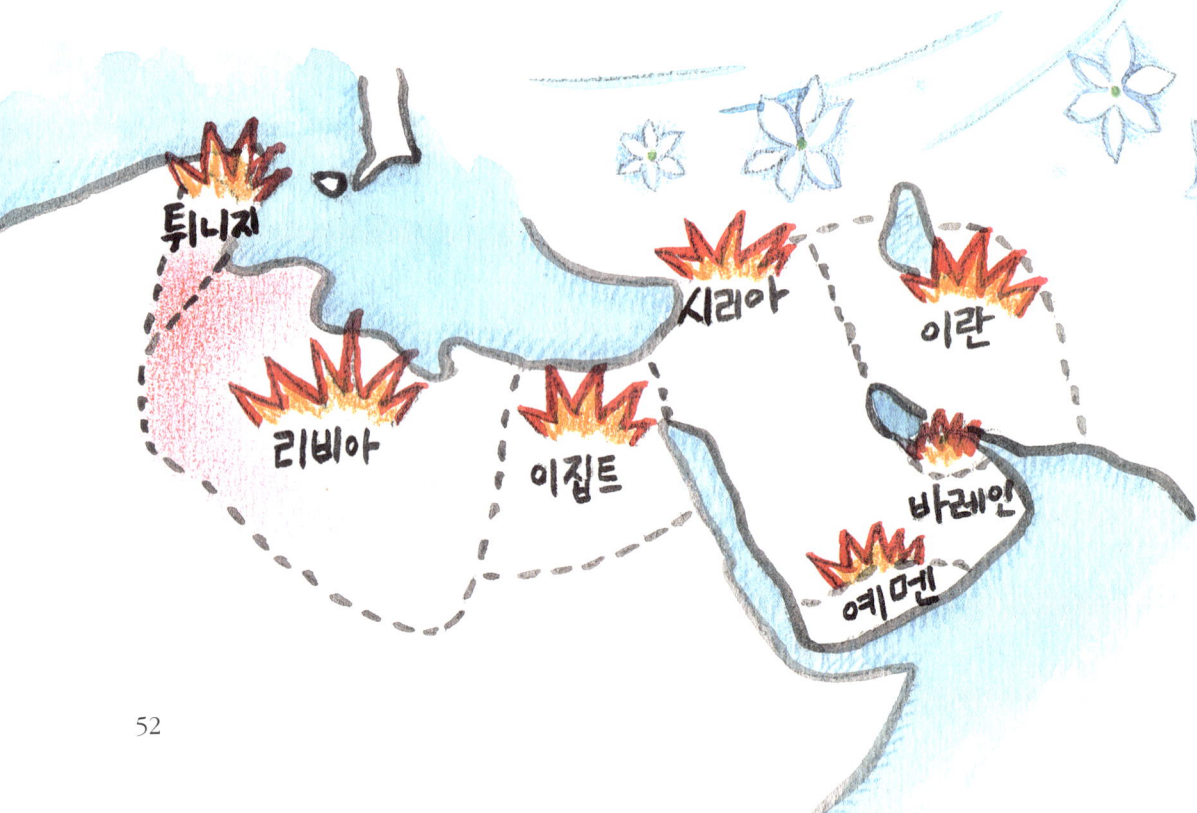

재스민 혁명이여, 아랍의 봄이여

 이를 지켜본 튀니지 국민은 이 모든 것이 부패한 독재 정권 때문이라며, 거세게 일어났습니다. 마치 들불같이 번져 나간 국민의 저항으로 결국 24년이나 계속되었던 벤 알리 독재 정권이 무너졌지요. 민주주의를 소망하는 불길은 튀니지에서 멈추지 않고, 주변 국가들로 번져 갔어요. 이집트의 30년 독재자 무바라크에 이어 리비아의 42년 독재자 카다피 정권도 무너졌고, 이란, 시리아, 바레인 등에서도 국민의 저항이 계속되었어요. 이를 두고 튀니지의 국화인 재스민의 이름을 빌려 '재스민 혁명' 또는 '아랍의 봄'이라고 불러요.

 안타깝게도 괴물 국가를 무너뜨렸던 아랍의 봄은 몇 년이 지난 지금 힘을 많이 잃어버렸어요. 하나둘 아랍의 봄 이전의 비민주적인 국가로 돌아갔어요. 어떤 나라는 독재자가 쫓겨난 이후 그 빈자리를 알카에다 같은 테러 집단이 차지했고요. 아랍의 봄이 결국 실패했다고 말하는 사람들이 늘어났습니다. 불길처럼 활활 타오르기는 했지만 민주주의를 지킬 수 있는 진정한 시민의 힘이 없었기 때문인지도 모릅니다.

 그럼에도 불구하고 역사는 기나긴 과정이며, 민주주의는 오랜 시간이 걸리게 마련입니다. 아랍에는 희망의 창이 막 열리기 시작한 것이고, 언젠가는 민주주의가 꽃필 것입니다. 재스민 꽃향기가 온 세계에 퍼질 날이 반드시 올 거예요.

거리에 나선 사람들

우리에게도 국가가 괴물이 되자 국민이 불길처럼 일어나 바로잡고자 한 위대한 역사가 있어요. 그 첫걸음이 바로 1960년에 일어난 4·19 혁명이에요. 영구적으로 정권을 잡으려 했던 이승만 독재 정권에 맞서 전국의 수많은 중·고등 학생들뿐 아니라 초등학생들까지 용감히 나섰어요. 어린 학생들의 희생을 보고만 있을 수 없었던 어른들도 함께했지요. 당시 마산 상업 고등학교 1학년이었던 김주열 군은 3월에 있었던 이승만 정권의 부정 선거에 항의하는 시위에 참가했다가 실종되었어요. 김주열 군은 4월 11일에 경찰이 쏜 최루탄이 눈에 박힌 처참한 모습으로 마산 앞바다에 떠올랐어요. 이 사건을 계기로 전 국민이 분노하고 시위에 나섰으며, 결국 이승만 자유당 정권은 무너지게 되었지요.

그러나 괴물 국가는 한 번에 쉽게 물러나지 않았어요. 혼란한 틈을 타 군인들이 정치에 욕심을 내면서 박정희, 전두환 군사 독재가 이어졌어요. 무려 27년간 군대와 경찰을 동원해 국민의 자유를 억압했지요. 그러나 우리 국민은 포기하지 않았습니다. 1987년 1월 14일, 당시 서울 대학교를 다니던 박종철 군이 형사들의 심한 고문 끝에 죽음을 당한 사건을 계기로 국민들은 본격적으로 저항에 나섰어요. 6월 9일에는 연세 대학교 이한열 군이 경찰이 쏜 최루탄을 맞고 쓰러지면서, 온 국민이 더욱 분노했어요. 전국적으로 100만 명이 넘는 사람들이 거리에 나섰고, 결국 전두환 정권은 견디지 못하고 직선제 개헌과 민주화를 원하는 국민의 요구를 받아들였지요.

이렇게 수많은 사람의 희생으로 오늘날 민주주의 국가가 되었어요. 그러나 아직도 우리의 민주주의는 완성품이 아니에요. 민주주의는 형식만 갖춘다고 되는 것이 아니라 진짜로 국민을 중심으로, 국민을 위해 운영되어야 하기 때문에 갈 길이 아직도 멀답니다. 민주주의는 땅에 뿌리를 내리고 잘 자라도록 항상 물과 양분을 주면서 잘 관리해 주어야 해요.

배부른 개와 자유로운 늑대

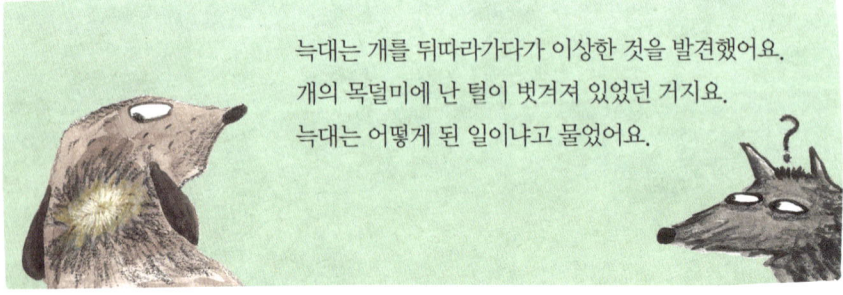

생각카페

개가 대답합니다.

뭐 별것 아니야. 내 주인이 줄로 묶은 자리야. 근데 너무 걱정할 것 없어! 밤에 잘 때만 묶어 두거든. 처음엔 약간 불편하고 따끔거리지만 곧 익숙해져.

이 말을 들은 늑대는
더 이상 개를 따라가지 않았어요.
아무리 배가 고파도
자유가 더 소중하니까요.

『이솝 우화』에 나오는 이야기입니다.
이솝이 우화를 쓴 시기는 지금보다 훨씬 가난한 시대였지만
자유 없는 부유함보다
자유로운 가난이 더 좋다는 것을 알았지요.

4 국가야, 차별하지 말아 줄래?

다를 뿐인데 왜 틀렸다고 하고 차별하나요?
피부색이나 외모는 물론이고 생각과 종교도 마찬가지예요.
다르다고 차별하면 안 되잖아요?
국가가 앞장서서 차별하는 것은 더 나빠요.
민주 국가는 다름을 인정하는 데서 출발한답니다.

별 마크 없는 애들은 저리 가!

어느 마을에 스니치라는 동물들이 살고 있었어요. 그런데 어떤 스니치들은 배에 별 마크가 있고, 어떤 스니치들은 없었어요. 별 마크는 크기가 아주 작았지만 매우 중요한 역할을 했답니다. 왜냐하면 별 마크가 있는 스니치들은 자신들이 가장 잘난 종족이라고 으스대고 다녔으니까요.

공놀이를 할 때도 자기들끼리만 하고, 별 마크가 없는 애들과는 함께 놀지 않았어요. 파티를 해도, 소풍을 가도 자기들끼리만 어울렸지요. 별 마크가 있는 스니치들이 아예 근처에도 오지 못하게 하자, 별 마크가 없는 스니치들은 억울하고 슬펐습니다.

그러던 어느 날이었어요. 배에 별 마크가 없는 스니치들이 바닷가에서 신세 한탄을 하고 있었지요. 그때 한 사람이 다가와서 말을 걸었어요.

여보게 친구들, 나는 맥빈이라고 하는데 너희의 불쌍한 처지를 듣고 도와주러 왔어. 돈을 조금만 주면 금방 해결해 줄 수 있어.

맥빈은 재빨리 기계를 조립하면서 3달러만 내면 배에 별 마크를 새겨 주겠다고 했어요. 그의 말은 거짓이 아니었어요. 배에 별 마크가 없는 스니치들에게 순식간에 별 마크를 달아 줬지요. 그렇게 별을 달게 된 스니치들은 별 마크가 있는 스니치들에게 소리쳤답니다.

이렇게 되자 원래부터 별 마크를 달고 있던 스니치들이 화를 내기 시작했어요. 구별할 방법이 없어졌기 때문이에요.

맥빈이 이번에는 원래부터 별 마크가 있던 스니치들에게 접근했어요. 10달러만 주면 별 마크를 없애 주겠다고 꼬드겼지요. 맥빈의 꼬드김에 넘어간 스니치들은 배에 있는 별 마크를 없애 버렸습니다. 그러고는 옛날처럼 구별이 가능해지자 다시 몰려다니며 별 마크가 있는 스니치들을 차별하기 시작했어요.

일이 이렇게 되자 새로 별 마크를 만들어 새긴 스니치들이 화를 내기 시작했어요. 맥빈은 다시 그들에게 접근해서 더 많은 돈을 받고 별 마크를 떼어 줬지요.

스니치들은 어떻게 되었을까요? 네, 맞아요. 별 마크를 떼고 다시 다는 일이 계속 반복되었고, 온 마을은 그야말로 엉망진창이 되었어요. 결국 누구의 것이 진짜 별 마크인지, 원래의 모습이 어땠는지 아무도 구별하지 못하게 되어 버렸답니다. 맥빈은 모든 스니치들의 돈을 다 긁어모아 유유히 마을을 떠났어요. 반대로 스니치들은 모두 거지가 되었고요. 맥빈은 떠나면서 이렇게 말합니다.

스니치들은 절대로 아무것도 깨닫지 못할 거야!

그러나 맥빈이 틀렸습니다. 비록 스니치들이 모든 돈을 잃긴 했지만 중요한 것을 깨달았습니다. 이제 스니치는 모두 같은 스니치일 뿐, 누가 누구를 차별할 수 없다는 사실을 말입니다. 그들에게 별 마크는 하나도 중요하지 않게 되었고, 함께 행복하게 살았습니다.

이 이야기는 닥터 수스의 동화『스니치』에서 가져왔습니다. 어떻게 보면 참 우스꽝스러운 이야기지요? 동화니까 그렇지 실제로는 일어날 수 없는 일이라고 생각하나요? 네, 물론 그렇게 생각할 수도 있어요. 하지만 우리가 사는 현실에서 비슷한 일은 얼마든지 일어난답니다. 겉모습만으로 사람을 차별하고 나누는 일이 종종 벌어집니다. 얼굴색과 인종이 다르다고 차별합니다. 몸이 불편한 장애인을 차별하고 왕따시킵니다. 게다가 자기와 생각이 다르다고 차별합니다. 차별하는 사회는 불행하고 불안합니다.

국가가 앞장서서 차별한다고?

우리나라가 일본의 식민지였던 시절에 일어난 일입니다. 1923년 9월 1일, 일본 도쿄 부근에서 엄청나게 큰 지진이 발생했어요. 관동 대지진이라고 부르는 이 사건으로 일본 전체가 큰 혼란에 빠졌지요. 14만 명이 사망, 실종되었고, 이재민이 340만 명에 달하는 엄청난 재난이었답니다.

그런데 일본 정부가 수습 과정에서 질서를 유지하기 위해 일본에 사는 조선인들을 희생양으로 삼는 비열한 짓을 했어요. "조선인이 일본인을 죽이기 위해 우물에 독약을 넣었다.", "조선인이 불을 질렀다.", "조선인이 폭동을 일으킨다." 등등의 거짓 소문을 퍼뜨린 것입니다.

당시 조선인들은 지진의 피해를 입은 것도 괴로운데, 일본인들의 분풀이 대상이 되었습니다. 극도로 흥분한 일본인들에 의해 6,000명 이상의 조선인이 억울한 죽임을 당했어요. 일본 정부와 언론은 일본인들을 선동하고, 학살의 현장을 보고도 모른 척하여 조선인의 피해는 더욱 커졌습니다.

일반 사람들의 차별 행위보다 국가가 앞장서서 차별하는 것은 훨씬 더 나쁩니다. 힘 있는 국가가 차별받는 사람들을 보호하기는커녕 도리어 차별한다면, 그들의 슬픔과 괴로움은 훨씬 더 크답니다.

역사적으로 국가가 앞장서서 다른 인종이나 민족을 괴롭히거나, 다른 종교를 믿는 사람들을 박해했던 일이 많았어요. 국가의 이념에 반대하는 정치 세력들을 무자비하게 탄압했던 일도 종종 있었고요. 국가가 앞장선 차별은 주로 소수 지배자들의 정치적 목적이나 의도로부터 출발합니다. 특히 자신들의 권력이 흔들리거나 사회가 위기에 빠질 때 국민들의 눈을 딴 데 돌리기 위해 다른 인종이나 종교인들에게 죄를 뒤집어씌우는 악한 짓을 했어요.

물론 과거에 비해 오늘날에는 많은 국가들이 민주 국가가 되었고, 문명이 발전하면서 이런 차별은 많이 줄었어요. 그러나 지금도 여전히 다양한 모습의 차별이 끊이지 않고 있답니다.

그래도 지구는 돈다

모든 인간이 태어날 때부터 자유롭고 평등하다는 사실은 진리입니다. 피부색, 성별, 종교, 국적이 다를지라도 누구든지 인정과 존중을 받을 자격이 있어요. 단 한 사람도 똑같은 모습이 아니듯이 생각도 모두 다릅니다. 따라서 겉모습을 두고 차별해서는 안 되는 것처럼 생각이 다르다는 이유, 그리고 그 생각에 대한 표현이 다르다는 이유로 억압당해서는 안 돼요. 서로 다른 생각을 인정하고, 표현의 자유를 가질 수 있는 세상이어야 해요.

유엔이 1948년 12월에 채택한 세계 인권 선언은 "사람은 누구나 사상, 양심 및 종교의 자유를 누릴 권리를 가진다."고 적고 있어요. 사상, 종교, 언론, 그리고 표현의 자유 같은 것들은 민주주의의 가장 기본적인 권리입니다.

갈릴레오 갈릴레이의 이야기를 아나요? 옛날 사람들은 지구는 움직이지 않고 태양과 다른 행성들이 지구 주위를 돌고 있다는 천동설을 믿었어요. 그런데 이탈리아 피사 대학 교수였던 갈릴레이는 여러 실험을 통해서 태양이 지구 주위를 도는 것이 아니라, 반대로 지구가 태양 주위를 돈다는 것을 발견하고 지동설을 주장했어요.

지동설은 당시 국가 위에 존재하면서 강력한 권위를 가진 교회의 주장, 즉 지구가 우주의 중심이어야 한다는 가르침을 부인하는 것이었어요. 이 때문에 갈릴레이는 성서를 부인하는 이단으로 몰려 종교 재판을 받게 되고, 거기서 사형 판결까지 받았답니다. 결국 그는 지동설 포기 서약을 하고 풀려나오게 됩니다. 겨우 사형은 면했지만 갈릴레이는 자기 집에 갇혀 시력도 잃은 채 힘든 여생을 보냈다고 합니다.

    여기서 우리가 얻을 수 있는 교훈은 여러 가지가 있겠지만 우리 주제와 연결된 것도 있어요. 그것은 생각이나 표현의 자유가 과학이나 산업의 발달에 크게 기여했다는 것이지요. 갈릴레이의 업적은 여전히 위대하지만, 만약에 교회를 등에 업은 국가의 탄압이 아니었다면 더 엄청난 일을 해냈을 것입니다.

대통령을 풍자해도 될까?

우리나라는 민주화를 이룬 이후에 크게 발전해 왔지만 아직도 사회적 약자에 대한 차별이 많이 남아 있어요. 경제 협력 개발 기구(OECD) 국가 중에 확실한 이유도 없이 남성과 여성의 월급 차이가 가장 크고, 장애인에 대한 차별도 여전하지요. 특히 외국인들에 대한 차별이 심각합니다. 정부 발표에 의하면 현재 우리나라에 있는 외국인의 수가 150만 명을 넘는다고 합니다. 이제 우리나라도 외국인들과 함께 사는 다인종 및 다문화 사회로 바뀌고 있어요. 그런데도 피부색과 외모가 다르다고 차별하는 우리의 행동은 잘 변하지 않네요.

그렇다면 생각의 차이에 대한 우리 국가의 모습은 어떤가요? 헌법은 완벽하답니다! 유엔 헌장처럼 모든 국민은 양심의 자유, 종교의 자유, 언론·출판의 자유, 학문과 예술의 자유를 가진다고 적혀 있으니까요. 하지만 실제로는 이런 자유들을 제대로 못 누리는 경우가 많아요.

정치적 견해를 표현하는 자유는 물론이고, 그림이나 문학, 방송 등에서도 상당한 제한을 받아 왔어요. 특히 국가나 대통령을 비판하거나 풍자하기 어렵지요. 민주화 이전에는 거의 불가능했고, 어떤 사람들은 감옥에 가기도 했어요. 그런데 지금도 어려운 것은 마찬가지입니다. 얼마 전에는 대통령을 어떤 특정 동물에 비유해서 그림을 그렸다고 해서 작품이 전시회에서 강제로 철거되었어요. 또 벌금형이 내려진 경우도 종종 있답니다.

특히 정부에 대해 비판하는 사람들을 무조건 '공산주의자'나 '빨갱이'로 몰아세우는 것은 정도의 차이는 있을지 몰라도 과거나 지금이나 비슷해요. 국제 시민 단체인 앰네스티는 해마다 각국의 인권 상태를 조사해서 발표합니다. 이 보고서는 최근까지도 한국 정부가 안보를 내세워 국민의 표현의 자유를 제약한다고 고발합니다.

물론 표현의 자유도 자신과 다른 사람의 권리를 동시에 보호해야 하므로 공공질서에 해가 되는 경우 약간 제한받을 수는 있어요. 그러나 국가가 너무 지나치게 제한해서는 안 된다는 원칙을 지켜야 하지요. 건전한 비판이라면 그 대상이 국가를 포함해서 누구든지 가능해야 합니다.

'간첩 몰이'에서 '종북 몰이'까지

미국의 로젠버그 부부는 미국의 원자 폭탄 기밀을 소련에 빼돌린 혐의로 1953년 6월 19일 전기의자에서 차례로 처형되었습니다. 이들 부부는 끝까지 무죄를 주장했으며, 죄를 인정할 만한 확실한 증거도 없었어요. 게다가 이들이 정치적 음모에 의해 억울하게 희생된 것이라는 세계 여론이 있었답니다. 그런데도 미국 정부는 공정한 재판 과정을 거치지도 않은 채 서둘러 처형해 버렸습니다.

당시 미국에는 존 매카시라는 상원 의원이 주도한 반공주의 마녀사냥이 절정을 달릴 때였어요. 정부에 대해 조금이라도 비판적이거나, 공산주의에 대해 조금이라도 좋게 말하면 곧장 간첩 혐의를 뒤집어씌웠지요.

우리나라도 박정희 대통령 정권 당시에 비슷한 일들이 많이 일어났어요. 가장 대표적인 것이 인민 혁명당 사건입니다. 줄여서 '인혁당 사건'이라고 하는데, 이것은 당시 박정희 정권이 독재를 반대하는 세력들을 간첩으로 몰아 버린 사건이지요. 감방에 넣고 가혹하게 고문한 것도 모자라서 기자, 교사가 포함된 8명을 사형 선고를 내린 지 18시간 만에 서둘러 처형시켜 버렸습니다. 이 사건 외에도

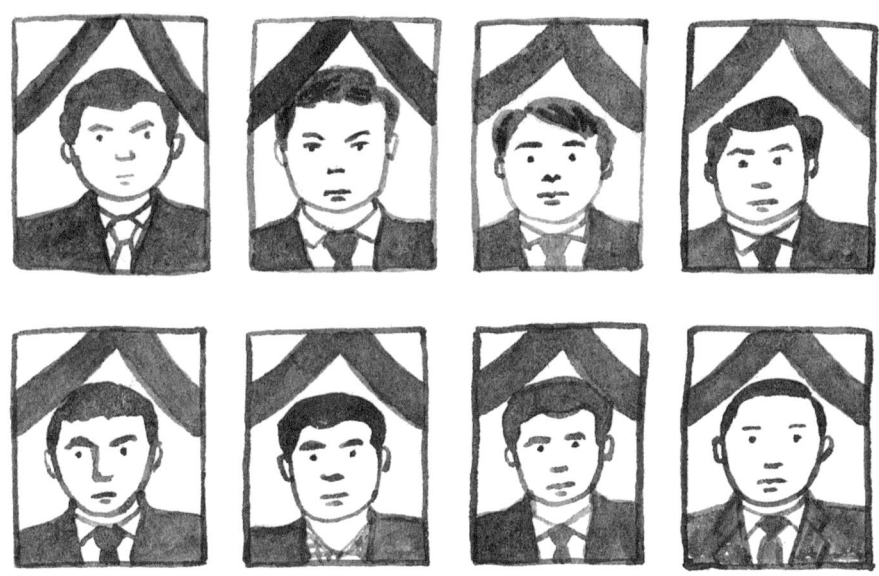

국가가 국민을 간첩으로 몰아 가두고, 고문하고, 죽이는 일들이 수없이 벌어졌어요. 국민들에게는 이렇게 하지 않을 경우 북한이 전쟁을 일으킬 것이라는 공포심을 심었고요.

그런데 오늘날에도 비슷한 일이 반복되고 있어요. 표현의 자유를 제한하고, 국가에 대한 건전한 비판마저 북한을 돕는 행위, 또는 북한을 지지하는 종북주의자로 몰아붙이는 일들이 여전히 벌어지고 있어요. 이는 민주주의의 기본 원칙을 파괴하는 일이고, 인간의 가장 기본적인 자유를 부정하는 거예요. 참으로 슬픈 일입니다.

남북이 분단되어 있는 우리나라에서 북한을 돕거나 간첩 행위를 하면 국가 안보를 위해 마땅히 죄를 묻고 처벌해야 합니다. 그러나 생각이 다르다는 이유만으로 확실한 증거도 없이 종북 몰이를 하는 것은 민주 국가에서 있어서는 안 될 일입니다. 그것은 일방적인 미움의 정치이고, 당하는 사람들은 억울하기 짝이 없는 일입니다.

거짓말하는 국가와 파수꾼

망루에 파수꾼들이 있었습니다. 이리 떼의 공격을 감시하는 일을 했습니다.

망루 위의 파수꾼이 "이리 떼가 몰려온다!"라고 소리치면, 망루 아래 파수꾼들은 양철북을 두드렸습니다. 그러면 마을 사람들은 재빠르게 도망갔는데, 급히 서두르느라 다리가 부러지기도 했습니다.

그런데 새로 들어온 파수꾼은 실제로 이리 떼를 본 적이 없었습니다.

그러던 어느 날, 신임 파수꾼은 몰래 망루에 올라갔습니다.
"이리 떼가 몰려온다!"
망루 위의 파수꾼이 소리쳤습니다. 신임 파수꾼이 보니 이리 떼가 아니라 흰 구름이었습니다.

신임 파수꾼은 마을 촌장에게 이 사실을 알렸습니다. 그런데 놀랍게도 촌장은 이미 알고 있었습니다. 그렇게 해야 질서가 유지되고 마을을 지킬 수 있다고 말했습니다.

신임 파수꾼은 촌장의 설득에 넘어가 거짓 파수꾼의 역할을 계속 맡게 됩니다.

생각 카페

이 이야기는 이강백의 희곡 「파수꾼」의 줄거리입니다.
이 작품은 북한의 남침 공포로 독재를 유지해 온
우리나라의 실상을 고발했습니다.
『이솝 우화』에 나오는 양치기 소년과 얘기가 비슷하지만
이 이야기의 중심은 거짓말하는 국가이고,
국가이기에 양치기 소년과는 달리 사람들을 계속 속일 수 있습니다.

국가가 거짓으로 국민을 속이고
진실을 알리려는 사람들의 입을 막습니다.
오늘날 언론들 중에도 파수꾼처럼
진실을 알면서도 국가의 거짓을 돕는 언론이 있습니다.
스스로 언론의 자유를 포기하는 것입니다.

5 국가야, 약자를 부탁해!

기울어진 운동장에서 벌이는 축구 경기를 상상해 볼까요?
어떤 이들은 한국에서 사는 일이 기울어진 운동장의 축구 같다고 합니다.
가진 자와 힘센 자들은 위쪽에서 공을 차고,
가난한 자와 약한 자들은 아래쪽에서 공을 찬다는 것입니다.
아래쪽에서는 죽을힘을 다해도 골 넣기가 힘들지만,
위쪽에서는 훨씬 쉽게 골을 넣을 수 있습니다.
힘도 약하고 가난한 데다 경기까지 불공평합니다.
운동장의 기울어진 각도를 줄여 좀 더 공평하게 경기할 수는 없을까요?

가위바위보

뭐든지 가위바위보로 결정하는 마을이 있었습니다. 마을 대표를 뽑을 때는 물론이고, 집이나 음식을 나눌 때도, 힘들고 위험한 일을 할 때도 사람들은 가위바위보를 했습니다.

연달아서 이기거나 지는 사람들도 있었지만 이 규칙에 불만을 가진 사람은 별로 없었습니다. 누구라도 영원히 지기만 하지는 않을 테니까요. 그런데 한 사람, 이 규칙 때문에 노심초사하는 사람이 있었습니다. 그는 얼마 전 마을의 위험한 일을 맡았다가 손을 다친 후로 주먹을 펼 수가 없게 되었습니다.

처음 한동안은 주먹만 내는 것으로도 웬만큼 버틸 수 있었습니다. 하지만 사람들은 서서히 그가 주먹밖에 낼 수 없다는 사실을 눈치채기 시작했고, 그와의 대결에서는 모두가 보자기를 내었습니다.

순식간에 그는 마을의 힘들고 위험한 일을 도맡게 되었고, 그러면서도 가장 나쁜 집과 안 좋은 음식만 가질 수 있었습니다.

"다음에 가위바위보를 할 때는 왼손으로 하게 해 주세요."
아무래도 너무 불공평하다는 생각에 그는 마을 대표에게 부탁을 했습니다.

"그렇지만 전에도 가끔 왼손으로 가위바위보를 하는 사람들도 있었는데 크게 문제가 된 적이 없었잖아요?"

"그때는 우리가 이 규칙의 중요성을 미처 깨닫지 못했던 거지. 이제라도 반성하고 철저히 지켜야 하지 않겠나?"

"그게 하필 왜 지금부터인가요? 저를 죽을 때까지 노예처럼 부려 먹으려는 것 아닌가요?"

"규칙을 철저히 지키자는 말에 때가 따로 있나? 규칙이란 언제 어디서나 지켜져야 하니까 규칙인 거야!"

"하지만 이건 너무 억울합니다. 마을 일을 하다가 다친 건데……."

"규칙을 지키면서 규칙을 고치는 방법이 있지."

"그… 그게 뭔가요?"

"이 규칙을 걸고 가위바위보를 하는 거지. 우리 모두를 이기면 자네 맘대로 규칙을 바꾸는 거야. 자, 가위~ 바위~."

- 『지금은 없는 이야기』 중에서 '가위바위보' / 최규석 우화 / 사계절

마을 대표가 제안한 방법은 그에게 아무런 소용이 없었을 거예요. 주먹밖에 낼 수 없다는 것을 다른 사람들이 뻔히 알고 있기 때문에 처음부터 절대로 이길 수 없는 게임이지요.

이 우화를 읽고 어떤 생각이 들었나요? 가위바위보는 누구에게나 공평한 규칙처럼 보입니다. 대다수의 사람들은 크게 불만을 가지지 않았습니다. 그런데 왜 문제가 생겼나요? 그것은 겉으로는 공평한 규칙처럼 보이지만 오른손을 펼

수 없는 사람에게는 불공평한 규칙이었기 때문이에요.

우리가 사는 사회에도 이런 일이 참 많아요. 주먹을 펼 수 없는 우화 속의 인물처럼 장애가 있는 사람들, 나이가 너무 많아서 일하기 힘든 노인들, 부모가 없는 고아들, 아무리 열심히 일해도 먹고살기 어려운 가난한 사람들이 많지요. 이런 사람들에게 보통 사람들과 똑같은 규칙을 들이대는 것은 결코 공평하지 않아요. 약자는 보호하고 도와주는 것이 더 정의롭고, 더 공평한 일입니다.

가난은 누구의 잘못일까요?

30도를 넘나드는 무더운 계절, 어디 시원한 곳을 찾아 떠나고 싶다. 하지만 참자! 돈이 부족해서 결국 또 빌려 쓰게 되니 다음 달도 또 적자일 것 같다. 시장에 가 보니 살 것도 많은데, 돈이 없어 구경만 하고 왔다. 돈은 다 떨어져 가고 막막하다.

형님한테 돈 3만 원을 빌려서 쓰자니 기분이 좀 우울하다. 돈이 없다 보니 교통 카드 충전도 천 원 단위로 한다. 교통비라도 정부에서 지원했으면 좋겠다. 다리가 아파 버스를 자주 이용하다 보니 교통비가 만만치 않다.

생각지도 못한 일이 벌어졌다. 아끼고 아끼면서 사는데 변기가 고장 나 또 돈이 들었다. 먹지 않고 쓰지 않고 절약해도 가난에서 벗어날 수 없구나. 꿈 없는 삶, 힘들다. 내 자신이 한숨만 나온다. 시장 보기가 두렵다.

정치하는 분들, 한 달에 43만원 갖고 한번 살아 보시지요. 가진 건 얼마 없고, 돈 나올 날은 멀고, 어떻게 버틸지 걱정이다. 오늘은 아이 백일인데 제대로 못해 주는 맘이 서글프네요. 언제쯤 우리도 좋은 날이 올까요?

이 글은 〈기초법 공동 행동〉에 실려 있는 최저 생계비를 받아 힘들게 살아가는 한 가장의 메모라고 합니다. 가난이 무조건 가난한 사람들 자신의 잘못일까라는 질문이 생기는 글입니다. 가난이 미덕은 아니지만 그렇다고 악덕도 아니지요. 사람들이 게으르기 때문에 가난해지기도 하지만, 열심히 일해도 가난한 사람들이 우리 주위에는 많아요. 원래부터 가진 것이 너무나 없어서 아무리 노력해도 가난을 벗어나기 힘든 사람들도 많고, 장애나 차별 때문에 가난해지기도 합니다. 그런데도 사람들은 자기 일이 아닐 경우에 가난은 당사자의 책임이라고 여겨 버리기 쉽습니다. 하지만 더불어 살아가는 세상이므로 우리 공동체 전체의 책임이기도 합니다.

프랑스의 사회 사상가 장 자크 루소는 1755년에 출간한 책 『인간 불평등 기원론』에서 이렇게 말합니다.

"굶주린 많은 사람들에게는 필요한 것이 모자라는데, 소수의 사람에게 사치품이 넘쳐 나는 것은 분명히 자연법에 위배됩니다."

여기서 자연법이라 함은 곧 사람이 살아가는 올바른 이치를 뜻하지요.

정의란 약자를 배려하는 것

존은 부잣집에서 태어났어요. 변호사인 아버지와 원래부터 부잣집 딸 출신인 어머니 사이에서 편안하고 풍족한 생활을 했답니다. 어느 날 존은 결핵에 걸려 심하게 앓았어요. 시간이 지나 존은 병이 나았는데, 존이 병을 옮긴 두 동생이 죽고 말았지요. 존은 충격과 죄책감으로 매우 괴로워했고, 사람들을 만나는 게 두려워 오랜 시간 집 안에만 틀어박혀 살았어요.

그런데 그 사건을 계기로 존은 삶에 대해 여러 가지 생각을 하게 되고, 가난하고 약한 사람들에게 관심을 갖게 되었답니다. 그 뒤 존은 어려운 환경 때문에 제대로 공부할 기회조차 못 갖는 친구들을 보고 가슴 아파했어요. 흑인이라는 이유로 차별받는 사람들을 보고 이 사회가 정의롭지 못함에 괴로워했고요.

'내가 부잣집에 태어난 것도 우연이고 자랑이 아닌 것처럼, 가난한 집에 태어난 사람들도 우연일 뿐 그들의 잘못이 아니다. 자신의 잘못도 아닌데 차별을 받는 것은 옳지 않다.'

이렇듯 존은 우연의 결과로 사람들이 불평등해서는 안 된다고 생각했고, 모든 사람들이 공평한 기회를 가질 수 있어야 한다고 믿었어요. 이후 존은 참된 사회

정의가 무엇인지 연구했고, 스스로도 남을 돕는 실천의 삶을 살았대요.

이 사람이 바로 미국의 유명한 철학자 존 롤스입니다. 그는 개인의 자유를 존중하는 것도 중요한 일이지만 약자를 배려하는 것이 진정한 정의이며, 그런 사회가 정의 사회라고 강조했어요. 그의 이러한 생각은 일상생활에도 그대로 묻어 나왔어요. 하버드 대학 교수이자 세계적인 대학자가 된 후에도 겸손함을 잃지 않았고, 늘 약자를 위해 살았기 때문에 주변 사람들은 그를 '하버드의 성자'라고 불렀습니다.

존 롤스는 정의로운 사회라면 모든 사람이 공평하게 기회를 가질 수 있어야 하고, 차별받으면 안 된다고 믿었어요. 그런데 공평하게 주어진 기회 속에서도 개인의 능력과 노력에 따라 얼마든지 다른 결과가 생길 수 있잖아요? 그때 정의로운 사회는 한발 더 나가야 하는데, 그것은 가장 나쁜 결과를 얻은 사람을 배려하는 거예요. 즉 사회의 약자를 배려하는 것이 진정한 정의이지요. 이런 롤스의 생각이 바로 오늘날 복지 국가의 기본 바탕이 되었습니다. 개인의 자유를 존중하되 약자에 대해서는 국가가 나서서 배려해야 합니다.

왜 국가가 앞장서서 배려해야 하나요?

국민의 복지를 위해서는 많은 비용이 들어가기 때문에 국가만이 할 수 있습니다. 국가는 국민으로부터 세금을 거둬 국민의 복지를 향상시키는 데 사용합니다. 이에 대해 어떤 이들은 왜 열심히 일해서 번 돈을 세금으로 가져가서 가난한 사람들에게 공짜로 주느냐고 항의합니다. 국민들이 노력한 결과를 정부가 빼앗아서 놀고먹는 사람들에게 나누어 주는 것과 같다고 말합니다. 복지 정책은 모든 국민을 게으르게 만드는 독약이라는 주장까지 있어요. 국가가 복지 정책을 적극적으로 하려고 하면 공산주의와 같다고 공격하지요.

 물론 지나친 복지는 약간의 위험성을 가지고 있는 것이 사실이에요. 국민이 일하려는 의욕이 떨어지고, 그로 인해 경제 효율이 낮아질 수 있으니까요. 복지

제도를 훌륭하게 해 왔던 유럽 국가들도 이런 문제 때문에 고민하고 있답니다. 하지만 그것은 국가가 복지를 지혜롭게 잘해야 하는 이유가 되어야지, 하지 말자는 이유가 되어서는 안 됩니다.

처음 던졌던 질문을 다시 기억해 볼까요? 국가가 처음에 어떻게 생겼나요? 국가는 구성원들이 함께 살기 위해 만든 것이라고 했지요? 외부의 침입으로부터 안전을 지키는 것과 국민의 삶을 어렵지 않도록 돌보는 것이 국가의 의무입니다. 우리 인간은 자기 욕심만 채우려 하기 쉬워요. 내가 내는 돈은 적을수록 좋고, 받는 혜택은 많을수록 좋은 것이 당연하니 그 자체를 욕할 수는 없겠지요. 하지만 그런 이기심을 억누르고 사회적 약자를 도와야 모두가 행복한 사회가 됩니다.

국가가 복지 정책을 더 잘할 수 있는 이유는 또 있습니다. 법으로 정해서 하면 국민들이 덜 억울해하고, 일을 효과적으로 할 수 있기 때문이에요. 우리 주변에는 자발적으로 어려운 사람을 돕는 착한 사람들이 많지만 그것만으로 충분하지 않아요. 우리 사회에는 어려운 사람들이 정말 많으니까요. 또 스스로 나서서 돕는 것은 꾸준히 오래 지속하기 어려워요. 그래서 국가가 책임지는 것이 필요합니다.

왜 꼭 지금 해야 하나요?

정부가 복지 예산을 확대하자고 하면 매번 등장하는 또 다른 불만의 소리가 있어요. "왜 꼭 지금 해야만 하는가?"라는 거죠. 미국이나 유럽과는 달리 한국은 아직 그럴 능력이 안 된다는 거예요. 정말 그럴까요?

우리나라의 국내 총생산(GDP) 대비 사회 복지 지출의 비율은 10.4퍼센트로, 경제 협력 개발 기구(OECD) 28개 조사 대상국 가운데 28위랍니다. 이 기구 평균(21.6%)의 절반 정도이고, 가장 높은 프랑스나 핀란드의 3분의 1에 불과하대요(2014년 기준). 물론 각 나라의 경제·사회적 여건의 차이를 고려하지 않은 통계여서 그대로 받아들이기는 어렵다는 주장도 있지만, 국가 경쟁력에 비해서 복지 예산이 많이 부족한 것은 사실이에요. 그래서 전문가들은 결국 복지는 국가의 경제적인 능력이 아니라 의지 문제라고 합니다.

지금은 경제가 어려우니 복지를 미뤄야 한다고 목소리를 높이는 사람들도 있어요. 하지만 경제가 어렵다고 복지 지출을 줄이면 가난한 사람들의 고통은 더 커집니다. 경제가 어려우면 국가 살림도 물론 힘들어지지만, 가난한 사람들의 생활은 더욱 나빠지기 때문이에요. 그래서 경제가 어려울수록 오히려 복지 정책은 더 좋아져야 합니다.

복지는 밑 빠진 독에 물 붓기와 같아서 경제가 망가질 것이라는 말도 옳지 않아요. 오히려 국가의 복지 정책을 통해 혜택을 받은 사람들의 생활이 나아져서 경제에 도움이 되는 사람들로 바뀔 수 있어요. 국가 경제를 정말 파괴시키는 것은 세금을 내지 않고 뒤로 빼돌리거나, 공무원에게 뇌물을 주는 기업들의 행위입니다.

19세기 유럽에서 가장 가난한 국가 중의 하나였던 스웨덴은 어려움 속에서도 복지 정책을 꾸준하게 추진해서 지금은 부유할 뿐 아니라 가장 이상적인 복지 국가가 되었답니다. 독일도 2차 세계 대전 후의 어려운 상황에서도 열심히 국민의 복지에 힘썼고, 그 결과 세계의 부자 나라 중 하나가 되었고요. 국민들도 국가가 복지를 잘할 수 있도록 만들어야 해요. 선거에서 사회적 약자를 배려할 줄 아는 지도자, 진정으로 실천하려는 정의로운 지도자를 뽑아야 하지요.

진짜 좋은 나라

복지 국가가 된다는 것은 국가를 바로 세우는 일 중 하나입니다.
모든 국민이 행복할 수 있는 기회를 주는 것입니다.
복지는 국민의 기본 권리이며 국가의 필수 의무입니다.
복지 정책이 독립심과 절약 정신을 갉아먹는다고
목소리 높여 반대하는 사람들은
세상은 모두가 함께 살아야 한다는 진리를 잊어버린 사람들입니다.

생각카페

『이솝 우화』에는 이런 이야기가 나옵니다.
성질이 매우 온순하고 매사에 정의로운 사자가
동물 왕국의 왕이 되었습니다.
이 사자가 통치하는 동안 늑대와 양이 사이좋게 지내고
호랑이와 사슴이 화해하고, 개와 토끼는 같이 뛰어놀았답니다.
토끼는 행복하고 만족한 얼굴로 이렇게 말했습니다.
"약한 동물들도 난폭한 동물들에게 만만하게 보이지 않는
이런 날이 오기를 얼마나 기다렸던가?"

이것이 바로 공동체로서 국가의 바람직한 모습이 아닐까요?
소수의 힘 있는 사람들이 약자를 괴롭히지 않고
국가가 이를 성실하게 지켜 주는 것이 진정한 정의이고 민주 사회입니다.
모든 국민들이 차별 없이 평등하게 살 수 있는 나라야말로
우리가 만들어 가야 할 진짜 좋은 나라입니다.

6 국가야, 관심 가져 줄게!

국민이 만든 국가이지만 국가가 자꾸만 국민 위에 군림하려 합니다.
많은 사람들이 세상을 바꿔 보려고 노력해 왔지만
세상은 바뀌지 않았다고 말합니다.
그래도 포기하지 말고 열심히 노력하면 꿈은 이루어집니다.
노력은 결코 배신하지 않는다는 말이 있습니다.
국가는 우리의 관심과 의지로 바꿀 수 있습니다.

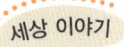

교황을 만난 소녀

"우리 아빠를 구해 주세요!"

불법 이민자로 미국에서 추방될 처지에 놓인 아빠를 구하기 위해 용기를 낸 소녀가 있습니다. 이 소녀는 프란치스코 교황을 만나려고 무작정 로마의 바티칸까지 찾아갔어요. 결국 교황을 만났고, 소녀의 꿈은 이뤄졌지요. 미국 캘리포니아 주에 사는 이 소녀의 이름은 저지 바르가스이며, 이제 겨우 열 살이에요.

저지의 아빠는 멕시코 출신으로, 미국 정부의 허락을 받지 않은 채 살고 있었어요. 불법 이민자였던 거죠. 아빠는 가족과 떨어져 테네시 주에서 건설 노동자로 일했답니다. 열심히 돈을 벌어서 캘리포니아 주에 사는 가족에게 생활비를 보냈지요. 그런데 그만 아빠가 범죄를 저질렀어요. 술을 먹은 후에 운전을 하다가 경찰에 체포된 거예요.

음주 운전에 대한 처벌을 받는 것은 당연했지만, 더 큰 문제가 남아 있었어요. 체포되는 과정에서 불법 이민자 신분이 들통 난 거예요. 아빠는 이민 보호소에 보내져서 추방 절차를 기다리게 되었지요. 직장 때문에 떨어져 있긴 했지만 가끔씩이라도 볼 수 있었던 가족을 남겨 두고 멕시코로 쫓겨나야 하는 상황이었답니다.

저지 가족의 딱한 사정을 알게 된 시민 단체 활동가들이 나섰어요. 이들은 저지 아빠의 추방을 막기 위해 여러 아이디어를 냈지요. 그중 한 가지는 프란치스코 교황을 만나 직접 부탁하는 것이었어요. 사람들이 돈을 모아 주어 저지는 드디어 교황을 만나기 위해 바티칸으로 떠났답니다. 이민자를 돕는 활동가들과 함께 간 거예요.

교황은 매주 수요일 바티칸 광장에서 미사를 드려요. 수많은 군중이 빽빽하게 모여 있었지만 저지는 사람들의 배려로 교황을 직접 만날 수 있었어요. 저지는 아빠를 구해 달라고 간곡히 호소했어요.

　또 많은 아이들이 이런 상황 때문에 가족과 떨어져 사는 건 불공평하다고 얘기했어요. 교황은 축복을 빌어 주고, 저지의 이마에 입을 맞추었어요. 그다음 귓속말로 오바마 대통령을 만날 예정이라고 말했지요. 마침 다음 날 교황과 오바마 미국 대통령의 만남이 예정되어 있었거든요.
　저지는 교황에게 엄마가 수놓은 손수건을 선물했어요. 그 수건에 새겨진 말은 '사랑의 보금자리'였는데, 아빠가 추방되지 않고 사랑의 보금자리인 가족을 지키게 해 달라는 뜻을 담은 것이었지요.
　교황청은 프란치스코 교황이 오바마 대통령을 만났을 때 실제로 이민 개혁 문제를 논의했다고 밝혔어요.

마침내 저지의 꿈이 이루어졌어요. 아빠는 석방되었고, 가족을 만나게 됐지요. 저지는 아빠 품에 안겨서 기쁨의 눈물을 터뜨렸어요.
"아빠랑 다시 함께 있게 돼서 마음이 놓여요."
가족과 함께 살게 되어 몹시 기쁜 아빠는 이렇게 말했어요.

딸이 이렇게 큰일을 해낼 것이라고는 생각도 못했어요. 무척 기쁘고 행복합니다.

저지의 용감한 행동에 대하여 세계의 유명 언론들이 앞다퉈 찬사를 보냈어요. 열 살밖에 되지 않은 소녀이지만 자신의 일뿐 아니라 불법 이민자를 돕는 문제에 적극 나선 당찬 사회 활동가라고 말이에요. 바티칸 교황청에서도 저지 바르가스의 간절함이 교황의 마음을 감동시켰다고 했어요. 여러 시민 단체들이 적극적으로 도와줬지만, 이 일을 이루어 낸 진정한 힘은 끝까지 포기하지 않고 노력한 어린 소녀의 강한 의지였답니다.

미우나 고우나 정치

KBS에서 방영된 〈정도전〉이라는 역사 드라마가 있었어요. 이성계가 난장판 같은 정치가 지겹지도 않느냐고 묻자 고려의 충신 정몽주는 대답해요.

"가혹한 정치는 호랑이보다 무서운 것이라 하지만 꼭 필요하고, 누군가는 그것을 해야 하니까요."

이성계가 어째서 필요하냐고 다시 묻자 정몽주는 이어서 말합니다.

"힘없는 백성들이 기댈 곳은 미우나 고우나 정치뿐입니다."

고대 그리스의 철학자 아리스토텔레스는 "인간은 정치적인 동물이다."라고 했어요. 인간은 본래 불완전한 존재이기 때문에 공동체를 떠나서는 살 수 없다는

것이죠. 인간이 정치를 하는 건 매우 자연스럽고 당연한 일이에요. 그리고 드라마 대사처럼 꼭 필요한 일이지요. 인간이 행복해지기 위해서 정치가 필요합니다. 물론 정치를 잘해야 행복해지고, 정치를 못 하면 도리어 불행하게 됩니다.

   짐승은 배부르면 사냥을 그만두지만, 인간의 욕심은 무한대여서 끝없이 많이 가지려 해요. 그럼에도 불구하고 인간은 양심과 이성을 가진 존재여서 폭력보다는 대화를 통해서 서로 조금씩 양보하면서 갈등을 해결하지요. 갈등을 조정하는 기술이 바로 정치랍니다.

   우리 사회에는 필요한 자원이 무한정 있는 것이 아니에요. 자원은 부족한데 원하는 사람들은 많아요. 그래서 공평하고 적절하게 나누어 쓰는 것이 어렵지만 중요하지요. 이를 위해 국가와 정치가 필요합니다. 공평하게 나누어 줄 '국가'가 필요하고, 폭력보다는 대화를 통해 조정하는 '정치'가 필요한 거예요.

   무엇보다도 정치는 약자들에게 소중합니다. 왜냐하면 정치가 없으면 힘이 약한 사람은 힘센 사람에게 모두 빼앗기게 될 테니까요. 국가가 있고 정치가 있는데도 힘센 자가 다 가져간다면 이것은 나쁜 국가와 나쁜 정치입니다. 정몽주가 한 말처럼 정치가 나빠지면 호랑이보다 무섭지만 그래도 정치를 포기할 수는 없어요. 그러니 좋은 국가와 좋은 정치를 만들기 위해 다 같이 노력해야겠지요.

황새의 밥이 된 개구리

옛날에 경치 좋은 호수에 개구리들이 모여 살고 있었어요. 별다른 어려움 없이 잘 지내고 있었지만 개구리들은 왕이 있으면 지금보다 더 행복해질 것이라고 생각했어요. 그래서 신에게 왕을 보내 줄 것을 청했답니다. 신은 곰곰이 생각하다 호수 위로 커다란 나무토막 한 개를 던져 주었어요.

"이제부터 이 통나무가 너희의 통치자다. 통나무를 존경하면 평화를 누리게 되리라."

호수에 나무토막이 떨어지자 처음에 개구리들은 무서워 진흙 속으로 깊이 숨었어요. 잠시 후 제일 용감한 개구리가 머리를 내밀어 보니, 나무토막이 물 위에 고요히 떠 있었지요. 다른 개구리들도 숨었던 데서 나와 조심스레 통나무를 쳐다보았어요. 하지만 좀 이상했어요. 통나무는 시간이 가도 전혀 움직이지 않는 거예요. 개구리들은 그 주위를 헤엄쳐 돌아다니다가 하나씩 그 위에 올라탔어요. 그래도 통나무는 아무런 반응이 없었지요.

커다란 통나무는 햇볕을 쬘 수 있는 훌륭한 장소를 제공해 주었어요. 게다가 통나무한테로 많은 벌레들이 몰려들었기 때문에 먹이도 풍성해졌어요. 그러나 개구리들은 불만을 터뜨리고 왕을 무시했어요.

"이건 왕이 아니야. 보잘것없는 나무토막에 불과해."

"왕의 위엄이라고는 하나도 없군."

실망한 개구리들은 다시 신에게 몰려가서 자기들을 지배할 힘센 왕을 보내 달라고 애원했어요. 개구리들의 애원에 짜증이 난 신은 황새를 보내면서 말합니다.

"자, 너희의 소원대로 확실하게 지배해 줄 것이다."

개구리들은 황새가 긴 다리로 멋지게 걸어오는 모습을 보며 환호했어요. 하지만 기뻐한 것도 잠시, 황새는 개구리들을 마구 잡아먹기 시작했어요. 후회했지만 이미 늦었지요. 개구리들은 필사적으로 도망갔지만 황새의 긴 다리를 피할 수는 없었어요. 결국 호수의 개구리들은 모두 황새의 밥이 되고 말았답니다.

『이솝 우화』에 나오는 이야기예요. 국민을 위한 지도자를 뽑는 일이 얼마나 힘든지, 또 지도자가 누가 되느냐에 따라 국민의 운명이 어떻게 달라지는지를 보여 줍니다. 스스로 주인이라는 생각을 버린 국민이 어떤 비극적인 결과에 이르게 되는지도 알려 주고요. 개구리와 같은 선택을 해서는 정말 안 되겠지요?

로빈의 나무 구출 작전

열두 살 줄리안은 일곱 살 때 아빠를 잃고 엄마랑 살고 있는 소년이에요. 어느 여름, 엄마가 중국 여행을 떠나면서 줄리안을 샌프란시스코의 부자 삼촌 집에 맡깁니다.

어느 날 줄리안은 우연히 삼촌의 메일을 보게 되었어요. 로빈이라는 여자아이에게서 온 메일인데, 삼촌의 회사가 레드우드 나무를 잘라 팔아 버리려는 계획에 강하게 항의하는 내용이었지요. 레드우드 나무는 예로부터 내려오는 귀한 보물과도 같은 거라고 하면서요. 줄리안은 호기심이 발동해서 이 문제에 대해 로빈과 메일을 교환합니다.

줄리안은 처음에 로빈의 나무 구출 작전은 불가능한 일이라고 생각했지만 갈수록 소녀의 용기에 감동합니다. 그래서 로빈과 함께 나무를 구하기로 결심하고, 로빈의 집으로 갑니다. 거기서 줄리안과 로빈, 그리고 친구들은 자연의 위대함을 경험하고, 온갖 어려움에도 불구하고 나무를 구하기 위해 최선을 다합니다. 이 이야기는 환경 운동에 앞장섰던 경력을 가진 작가가 자신의 경험에 바탕을 두고 쓴 소설 『레드우드 작전』의 내용

입니다. 아무런 힘도 권력도 없는 어린이들이지만 거대한 회사에 맞서 소중한 환경을 지켜 내고, 사회와 사람들을 변화시키는 이야기를 담고 있어요.

　줄리안이나 로빈 같은 아이들이 자라는 사회에서는 국가나 권력자가 결코 괴물이 될 수 없을 거예요. 돈벌이만 생각해 나무를 자르고 환경을 망치는 줄리안 삼촌 같은 정치인이 권력을 잡지 못하게 우리는 두 눈 부릅뜨고 감시해야 합니다. 이런 사람들이 선거에서 당선되지 않도록 하는 것이 중요하지요. 또 선거에 당선되기 위해 온갖 약속을 해 놓고, 당선이 된 후에는 약속을 무시해 버리는 사람이 다시 나왔는지 주의 깊게 관찰해야 합니다.

　우리나라의 정치가 나쁘다면, 물론 정치를 담당한 사람들의 잘못이 제일 크지요. 그러나 국민들에게도 책임이 있답니다. 민주 국가에서는 국민이 주권을 가지고 정치가들을 선택할 수 있잖아요? 좋은 정치, 좋은 국가는 우리들의 관심과 참여로 가능하답니다. 정치인들이 잘못하면 항의도 하고, 반대로 올바르게 정치를 한다면 믿고 응원하며 따르는 것이 중요해요.

어떤 지휘자를 뽑을래?

토끼와 뱀이 아무것도 보이지 않는 깜깜한 동굴 안에서 우연히 부딪치고는 서로 외쳤어요. "누구냐!" 먼저 뱀이 토끼를 만져 보면서 "음…, 털이 복슬복슬 보드랍고, 따뜻한데, 귀가 기네. 너 토끼구나?"라고 말하자, 이번엔 토끼가 뱀을 만져 보며 말했어요. "음…, 털도 없이 징그럽고, 차갑고…. 어? 근데 귀가 없네? 너 지휘자구나!"

독일에서 15년간 지휘를 하다가 한국으로 돌아온 지휘자 구자범의 칼럼에 나오는 이야기랍니다. 유명한 지휘자인데도 음악을 제대로 듣지 못하는 '막귀'를 가진 사람들을 비꼬는 우화라고 합니다. 제대로 된 음악을 구별하지 못하는 지휘자가 꽤 많은 모양입니다.

독일의 오케스트라 단원들은 연주할 때 자기가 틀린 곳을 지적하며 불편하게 하는 실력 있는 지휘자보다는 틀려도 대강 내버려 두고 편안하게 해 주는 지휘자를 좋아한다고 합니다. 그래서 오케스트라 단원들에게 투표로 지휘자를 뽑게 하면 '막귀'를 가진 지휘자를 뽑는 일이 자주 일어난대요.

국가 지도자를 뽑는 국민들도 비슷합니다. 나만 편안하면, 내가 가진 것을 빼앗아 가지 않는다면, 내게 돈을 벌게 해 준다면, 그 지도자가 어떤 품성과 능력을 가지고 있더라도 상관없다는 국민들이 많습니다. 심지어 그런 지도자와 국가를 무조건적으로 따르는 것이 민주주의라고까지 주장합니다. 과연 그럴까요? 아닙니다. 그것은 옳지 않은 주장이에요. 편안한 것이 반드시 좋은 것은 아니며, 지금 편안하다고 영원히 편안하다는 보장이 없어요. '막귀' 지휘자를 가진 오케스트라가 더 이상 발전할 수 없고, 오히려 망하게 되듯이 국가도 마찬가지랍니다.

우리는 자기의 편안함만 생각하고 '막귀'를 가진 지휘자를 뽑는 단원이 되어서는 안 될 거예요. 귀찮고 불편한 것이 싫다고 외면하기 시작하면 정말로 중요한 것을 잃어버리게 됩니다. 국민의 행복은 국민 스스로 지켜 나가야 해요. 『이솝 우화』에 나오는 양치기 소년에게 다시는 속지 않는 최고의 방법은 무엇일까요? 늑대가 왔다는 거짓말을 믿지 않는 것일까요? 양치기 소년을 피해 다녀야 할까요? 아닙니다! 최고의 방법은 거짓말쟁이 양치기 소년 대신 다른 정직한 양치기 소년을 선택하는 것입니다.

국민이 존중되어야 한다!

우리는 어떤 정치를 원할까요?
정의로운 정치를 원합니다.

우리는 어떤 국가를 원할까요?
국민을 위하고 섬기는 국가를 원합니다.

좋은 국가와 좋은 정치의 핵심은
바로 국민이 존중되어야 한다는 거예요.
국가를 몇 사람이 자기 것처럼 조종하고
많은 국민이 무관심하면
국가는 괴물이 됩니다.

생각카페

대한민국이 괴물이라 해도 쉽게 버릴 수는 없습니다.
국가 없이 행복해지기 어렵기 때문입니다.
국가에게 국민이 필요한 만큼
국민도 국가가 필요합니다.
그러니 훌륭한 국민이 되어
국가를 훌륭하게 만들어야 합니다.

국가야, 왜 얼굴이 두 개야?

1판 1쇄 발행 2015년 6월 18일 | **1판 3쇄 발행** 2017년 10월 18일

글 김준형 | **그림** 박재현 | **책임편집** 이해선 | **표지 및 본문 디자인** 하늘·민
펴낸이 조재은 | **펴낸곳** (주)양철북출판사 | **등록** 제25100-2002-380호(2001년 11월 21일)
편집 박선주 김명옥 | **디자인** 육수정 | **마케팅** 조희정 | **관리** 정영주
주소 서울시 마포구 양화로8길 17-9 | **전화** 02-335-6407 | **팩스** 0505-335-6408
ISBN 978-89-6372-179-8 74330 | **값** 11,000원

카페 cafe.daum.net/tindrum
블로그 blog.naver.com/tin_drum
페이스북 facebook.com/tindrum2001

잘못된 책은 바꾸어 드립니다.